POUR QUI ROULE *MEDIAPART* ?

Du même auteur

La guerre secrète entre juges et politiques. 1981-2024, L'Artilleur, 2024.

Les Arrogants, L'Artilleur, 2018.

Pilleurs d'Afrique, Éditions du Cerf, 2018.

Les journalistes ne devraient pas dire ça, Éditions du Toucan, 2017.

La corruption en France. La République en danger, François Bourin, 2012.

Rachida Dati. Et si on parlait de vous ?, Jean-Claude Gawsewitch, 2009.

L'art de retourner sa veste. La trahison en politique, Éditions du Rocher, 2007.

Règlements de compte pour l'Élysée. La manipulation Clearstream dévoilée, avec Jean-Marie Pontaut, Oh éditions, 2006.

Le piège. Les réseaux financiers de Pierre Falcone, Plon, 2002.

L'homme qui en sait trop. Alfred Sirven et les milliards envolés de l'affaire Elf, avec Jean-Marie Pontaut, Grasset, 2000.

M. Halphen, vous n'avez pas tout dit, JC Lattès, 2001.

Le roman d'un séducteur. Les secrets de Roland Dumas, JC Lattès, 1998.

Un juge face au pouvoir. De la gauche à la droite, les secrets de Renaud van Ruymbeke, avec Roland-Pierre Paringaux, Grasset, 1994.

L'argent facile. Dictionnaire de la corruption en France, Stock, 1991.

Gilles Gaetner

Pour qui roule *Mediapart* ?

La face cachée d'Edwy Plenel

Fayard

Couverture : Hokus Pokus Créations
ISBN : 978-2-213-73128-5
Dépôt légal : mai 2025

Cher Edwy

Depuis combien de temps, ne nous sommes pas vus ? Ce devait être il y a six ou sept ans, lors d'un déjeuner dans un restaurant situé non loin de *Mediapart*. Le temps passe. Votre passion du journalisme est intacte. Tout comme celle de vos journalistes toujours aussi pugnaces. François Bayrou, avec le scandale Betharram largement évoqué par *Mediapart*, révélations à l'appui, qu'il conteste, ne pourra dire le contraire.

Abonné à *Mediapart* depuis le début de votre aventure, je vous lis avec beaucoup d'intérêt. Cela me rappelle des souvenirs quand, à *L'Express*, je courrais après l'information. Tantôt avec succès ; tantôt bredouille.

Je vous le dis, mais vous le savez, je ne suis pas de ceux qui passent leur temps à vous vouer aux gémonies. À vous accuser de telle ou telle faute. Jalousie, peut-être ?

Pour autant, via cette lettre, je voudrais mener une critique, la plus honnête possible, sur votre conception du journalisme, sur ce que certains pensent être une propension à malmener parfois – vos adversaires diront souvent – telle est mon opinion, la présomption d'innocence.

Peut-être serez-vous irrité, agacé, décontenancé, en désaccord, en me lisant. Normal, c'est la logique du débat… Ce débat que vous revendiquez depuis des lustres. Aussi, impatient, j'attends votre réponse…

I

UN HOMME, UN JOURNAL

Mediapart et Plenel

En 2008, un ovni est apparu dans le paysage de la presse d'information, lancé à grand fracas par un talentueux trublion du journalisme : j'ai nommé *Mediapart* et Edwy Plenel. L'ambition de ce dernier était de produire un journal d'information détaché des influences partisanes, libre des puissances d'argent ; un journal vertueux, aligné sur les grands principes du droit et de la morale, pratiquant une déontologie intransigeante, et développant des méthodes d'enquête irréprochables.

Quelques années plus tard, force est de constater que les grands principes souffrent de certaines dispenses, que les méthodes sont parfois contestées et que l'impartialité n'est pas toujours de mise.

Qui êtes-vous vraiment, Edwy Plenel, et derrière l'homme public, que cachez-vous, au fond ?

Un agitateur ? Un manipulateur ? Un « fouille-merde », selon l'expression d'Alain Finkielkraut, avec lequel vous ferraillez depuis des années ? Un militant ? Un révolutionnaire, qui a pourtant compris qu'après les résultats des législatives de juin-juillet 2024 le Grand Soir ne serait pas pour demain ? Ou simplement un journaliste passionné par son métier, qui pense que le droit de savoir, la recherche de la transparence, permettront aux démocraties de ne pas mourir ?

Vous voulez tout connaître. Tout entendre. Tout noter. Présent sur tous les fronts, vous scrutez les dérives des gouvernants, dénoncez les moindres actions de la police, les partis pris des magistrats, chassez les faits divers, pistez les victimes, donnez des leçons de journalisme aux journalistes. Et jugez de tout.

Notre confrère Jean-François Achilli en sait quelque chose. Alors qu'il collabore à la rédaction d'un livre avec le président du Rassemblement national, Jordan Bardella, il est sèchement remercié de Franceinfo. Direction, le chômage. Suspendu d'antenne en mars 2024, Achilli a été licencié le mois suivant pour faute lourde. L'histoire paraît énorme : il n'est pourtant pas le premier journaliste à tenir la plume d'un homme politique. Et votre réaction ? Un tweet vachard : « En 2013, écrivez-vous, *Mediapart* avait croisé Achilli alors à BFMTV : il s'était prêté, via le communicant Hommel, à la mise en scène des “aveux” de Cahuzac. Lequel Cahuzac avait été aidé par un fiscaliste proche de Marine Le Pen pour ouvrir son compte en Suisse. Petit monde, grands mélanges. » Quel ressentiment s'exprime ? Quelle revanche avez-vous à prendre ? Et seriez-vous naïf au point d'ignorer que des politiques, même opposés, peuvent entretenir des relations d'intérêt ? Sous-estimez-vous les relations de connivence qui se nouent entre journalistes et élus de la République ?

Aucun domaine n'échappe à votre curiosité. En témoigne votre entrée en piste et votre défense du mouvement #MeToo. Entrée fracassante, encore que certains de vos articles – ou ceux de vos confrères de *Mediapart* – n'ont pas semblé accorder une importance majeure à la présomption d'innocence pour quelques mis en cause qui se sont trouvés, *in fine,* lavés de tout soupçon. En témoigne la gifle que vous infligera la réalisatrice Maïwenn, furieuse des articles à charge de *Mediapart* sur son ex-compagnon, le cinéaste Luc Besson, accusé de viol… et finalement innocenté. Le juge, qui relevera que Maïwenn vous a également tiré les cheveux, la condamnera pour ces faits à une amende légère.

Insatiable dans la quête de l'information, vous l'êtes. On aurait pu croire, cependant, que vous déclencheriez une trêve pendant les Jeux olympiques. Las, votre détermination n'a pas diminué.

Certes, vous avez manifesté votre enthousiasme pour la cérémonie d'ouverture, le 26 juillet 2024. Une cérémonie de feu, d'enfer et de Cène (ou de Seine au choix). Grandiose. Cela ne vous a pas empêché de vous intéresser à la part d'ombre de cette version newlook des *panem et circenses*, notamment en dénonçant l'ostracisme dont seraient victimes des athlètes ou chanteurs de la communauté LGBTQI+. Ou en publiant des enquêtes sur la propreté de l'eau de la Seine, tant vantée par la maire de Paris, qui devait accueillir les épreuves de triathlon.

Début septembre 2024. C'est la rentrée pour 12 millions d'élèves, mais pas pour le gouvernement, toujours aux abonnés absents. Monsieur le président Macron consulte. Monsieur le Premier ministre Attal attend. Cela fait près de cinquante jours que cela dure. Conciliabules, bruits de couloir, hypothèses grotesques ou plausibles rythment la vie politique, ou ce qu'il en reste.

Le train-train quotidien reprend ses droits. Aux oubliettes, le songe des nuits d'été ! En revanche, pas la cérémonie de clôture des Jeux olympiques. Pourtant, la seule vision d'une athlète venue recevoir, voilée, la médaille d'or pour sa victoire dans le marathon femmes vous a rempli de joie. C'était la Néerlandaise Sifan Hassan, déjà médaillée de bronze sur 5 000 et 10 000 mètres. Vous avez vu « dans le hijab de la jeune femme une joyeuse réponse à l'archaïque interdiction française du voile ». Vous l'avez martelé sur X. Serions-nous si rétrogrades ? Et le principe de laïcité, vous le mettez au vestiaire ? Et si des athlètes concouraient avec la kippa, ou la robe de bure des franciscains, que diriez-vous ? Une journaliste de *L'Opinion,* Emmanuelle Ducros, a sèchement répliqué à votre tweet. « Qu'a-t-il de joyeux dans un symbole de soumission au patriarcat et à la religion ? » Et de poursuivre : « Défendre un symbole de soumission venu du fond des âges, comme quelque chose de moderne, il faut quand même oser. » Je ne comprends pas votre position : à *Mediapart*, vous défendez le courage des femmes iraniennes et afghanes en lutte dans leur propre pays, mais pas aux Jeux olympiques. Pourquoi ?

Pendant cette trêve estivale, quelques voix similaires à la vôtre se font entendre. Ainsi, celle de la députée France insoumise de Seine-et-Marne, Ersilia Soudais. Elle n'en démord pas : « La France est un pays islamophobe. » Je me doute que vous partagez son avis. On n'en finira jamais ! Avez-vous vu, en France comme partout en Europe, au cours de l'été 2024, des hordes d'excités racistes se livrer à des exactions contre les musulmans ? Pas que je sache. En revanche, moi, j'y ai vu des dizaines de milliers de partisans du Hamas hurler leur haine d'Israël. Nous ne sommes plus au temps de la guerre d'Algérie. Les bastonnades, c'est terminé, même si, chez certains, un sentiment anti-musulman, anti-arabe, demeure présent dans le pays.

Le grand méchant loup du journalisme, ce serait donc vous ? Éprouvez-vous du plaisir à jouer à ce ball-trap politique qui voit des têtes d'affiche tomber une par une ? Qu'elles s'appellent Cahuzac, Guéant, Hortefeux, Sarkozy, Balkany, Fillon, Oudéa-Castéra, Rugy… Avec une préférence pour Nicolas Sarkozy, et bien avant, pour François Mitterrand, lorsque vous officiez au *Monde.* Je pense à Roland Dumas, le prince de la Mitterrandie, récemment disparu à l'âge de 101 ans, avec qui vous vous êtes écharpé. Il est vrai que l'avocat colportait un bruit qui ne pouvait que vous faire bondir : vous seriez un agent de la CIA. Une rumeur lancée par François Mitterrand lui-même. Votre ami trotskiste, Michel Broué, qui participera à l'aventure *Mediapart*, est venu à votre secours et démonter une accusation jamais prouvée…

Une longue histoire

Au fond, que cherchez-vous ? Et votre passé proposerait-il une explication ? Vous-même en donnez quelques clés. Très tôt, si j'en crois vos ouvrages, vous avez été doté d'une conscience politique aiguë. Assurément, votre père, agrégé d'histoire, vice-recteur de la Martinique, anti-colonialiste convaincu, d'une grande probité, y est pour quelque chose. Mais, surtout, le sort injuste qui lui a été infligé – il sera démis de ses fonctions en 1959 –, pour avoir voulu donner à une école le nom d'une victime des sanglantes émeutes de la Martinique, a été déterminant. Parti en Algérie, où il sera professeur de lycée, votre père sera réintégré dans l'Éducation nationale grâce à Stéphane Hessel, grand résistant, chargé de la coopération à l'ambassade de France à Alger, futur ambassadeur de France. Il y a des événements indélébiles. Vous l'avez confessé, ce sentiment d'injustice, éprouvé dès votre jeunesse, vous inspirera cette envie de revanche qui vous a orienté vers la chasse aux scoops, afin de faire chanceler les détenteurs du pouvoir.

Un autre homme vous a aiguillé sur les rails de l'engagement, le doyen de la faculté de droit d'Alger, Jacques Peyrega, un ami de votre père. Ce professeur, humaniste, progressiste, est témoin d'exactions et d'actes de torture à Alger en 1957. Bouleversé et horrifié, il n'en parle à personne, mais écrit une lettre au ministre de la Défense, Maurice Bourgès-Maunoury. La lettre paraît dans *France Observateur*, le futur *Nouvel Observateur.* Peyrega est furieux de cette fuite. Ses collègues de la fac de droit se désolidarisent. Peyroga démissionne de son poste de doyen et s'exile à la faculté de droit de Bordeaux. Il revient cependant en 1958 à Alger. Sa fille tient un blog qui accueille tous ceux qui partagent l'humanisme du doyen Peyrega.

Avec de tels parrains, vous ne pouvez que tomber à gauche, militant à la Ligue communiste révolutionnaire (LCR), dont vous serez membre du comité central, chargé des pays arabes. Ce choix s'explique. Vous habitez alors en Algérie, pays indépendant depuis le 1er juillet 1962. Vous ne vivrez donc pas les événements de mai 1968 à Paris. C'est à Alger que vous accomplissez votre premier geste politique à l'occasion de la mort de Che Guevara, en octobre 1967. Vous adressez une lettre collective signée « Un groupe de jeunes Algériens et étrangers résidant en Algérie », à l'ambassadeur de Cuba à Alger. En voici un extrait :

« Excellence, bien que nous n'avons pas voulu y croire jusqu'à la dernière minute, il a fallu nous rendre à l'évidence : Ernesto Che Guevara a été assassiné par les serviteurs de l'impérialisme nord-américain. Notre douleur est d'autant plus vive qu'il représentait un premier pas vers un idéal maintenant réalisable. » Vous poursuivez : « Nous voudrions, Excellence, adresser nos condoléances, à son épouse, à ses enfants, au peuple cubain et surtout à la jeunesse révolutionnaire de Cuba. Son souvenir restera toujours vivant, et nous guidera, nous, jeunes, ainsi que tous les peuples, sur le chemin de la liberté. » C'est bien le ton, qui s'explique en partie par la fascination exercée à l'époque par le Che sur la jeunesse de gauche. Mais on peut aussi le lire comme s'il s'agissait des condoléances adressées par le politburo d'un parti communiste à l'annonce du décès d'un de ses camarades… Quelques années plus tard, vous jugerez cette lettre ridicule.

L'Algérie, pour toujours

Dans *Secrets de jeunesse* (Stock, 2001), vous consacrez de longs passages à l'Algérie et au rôle joué par l'Organisation communiste internationale (OCI). Vous évoquez Messali Hadj, fondateur du MNA, « haute et digne figure injustement occultée par les vainqueurs de 1962 et le véritable père du nationalisme algérien ». Vous auriez pu être plus bavard. Vous auriez pu rappeler la tentative, dans les années 1946-1948, de quelques militants de l'aile gauche de la SFIO, qui tentèrent d'établir un dialogue entre certains Algériens favorables à un compromis, autour des pieds-noirs libéraux. L'un de ces animateurs s'appelait Lucien Weitz (voir sa notice dans *Le Maitron*, par Jean-Marie Brabant, Rodolphe Prager, Gilles Morin, 30 novembre 2010).

Directeur du quotidien *Alger Soir* de 1946 à 1948, ancien élève de Marceau Pivert, dont il deviendra l'ami, il sera responsable de l'Entente de la Seine des Jeunesses socialistes. Militant socialiste, souvent rebelle, courageux, proche de Jean Rous, Weitz noue, dans ces années d'après-guerre, des contacts avec les futurs dirigeants du FLN, Ali Boumendjel, Ahmed Francis ou Ferhat Abbas. Hélas ! Ce dialogue prend fin brutalement en 1948, avec l'arrivée d'un gouverneur général à poigne, Marcel-Edmond Naegelen (futur candidat à l'élection présidentielle, battu par René Coty), qui succède au socialiste Yves Chataigneau, ancien membre du cabinet de Léon Blum. Naegelen, socialiste lui aussi – mais pas de l'aile gauche ! –, coupe les subventions octroyées par Chataigneau à *Alger Soir*. Lequel cesse de paraître. Surnommé par certains pieds-noirs « Chataigneau Ben Mohamed, fossoyeur de l'Algérie », il quitte l'Algérie pour Moscou, où il est nommé ambassadeur de France.

La droite de la SFIO a gagné. Déjà point à l'horizon la césure brutale et sanglante entre la communauté musulmane et les pieds-noirs. La Toussaint 1954 se profile. Me revient un souvenir du 1er juillet 1962. Une radio – je crois que c'était Europe n° 1 – interroge quelques Algériens sur ce qu'ils pensent de l'indépendance toute fraîche… J'entends encore les voix des auditeurs : « L'homme de la Révolution algérienne, c'est Ferhat Abbas. » Ce même Ferhat Abbas qui répétait, dans les années 1946-1948, au cours de repas ou rencontres avec des amis : « L'Algérie ne s'en sortira que si elle est laïque. » Vision prémonitoire. Pourquoi les États arabes, majoritairement de confession musulmane, demeurent-ils sinon muets, tout du moins discrets sur la question de la laïcité ? Pourquoi les instances musulmanes, je pense à la Grande Mosquée de Paris, s'enferment-elles jusqu'à aujourd'hui dans un silence quasi assourdissant ? À moins d'avoir mal lu, pourquoi n'abordez-vous pas ce sujet ?

Enfin Paris

À votre arrivée en métropole, vous vous liez avec nombre de militants, parmi lesquels Daniel Bensaïd, personnage attachant, qui sera un peu votre grand frère, et Romain Goupil, qui deviendra cinéaste. Dans *Secrets de jeunesse*, récompensé par le prix Médicis essai, vous évoquez, avec mélancolie, vos camarades qui croyaient au Grand Soir. Militant consciencieux, vous êtes engagé comme permanent à la Ligue communiste révolutionnaire (LCR). À ce titre, chargé des Caraïbes, puis du monde arabe. Payé au SMIC, aimez-vous préciser. Un SMIC qui vous est totalement étranger aujourd'hui. Plus de seize ans après la création de *Mediapart*, vous prenez soin, à chaque interview, de marteler que le rapport des salaires dans votre entreprise est de 1 à 4,5... Ce qui mérite d'être souligné dans un pays où la course à l'argent, le « enrichissez-vous » de Guizot, est toujours d'actualité. À ce propos, je vous trouve bien frileux lorsqu'un journaliste du *Point*, le 19 juin 2023, vous interroge sur la vente de votre participation dans *Mediapart*. Ce qui vous aurait rapporté 2,6 millions d'euros. Votre réponse fuse, embarrassée : « Mais quelle est l'actualité de la vente de ma participation dans *Mediapart* ? »

De *Rouge* au *Monde*

En ces années soixante-dix-quatre-vingt, le journalisme commence à devenir votre destin. Vous vous illustrez dans *Rouge*, l'organe de la LCR, où vous signez quelques papiers mémorables par leur virulence et les partis pris qu'ils expriment – nous y reviendrons. Mais, très vite, c'est dans la grande presse que vous allez vous lancer, pour une carrière tout aussi brillante que contrastée.

Après votre passage à *Rouge,* vous intégrez *Le Matin de Paris*, propriété de Claude Perdriel, également patron du *Nouvel Observateur*. De l'extrême gauche, vous passez à la gauche. Avant de rejoindre, en 1980, une institution, *Le Monde*, rue des Italiens, où trône, en façade, une superbe horloge restaurée, me semble-t-il, de feuilles d'or, qui abritera grâce à la garde des Sceaux Élisabeth Guigou le pôle financier du tribunal de grande instance de Paris.

Embauché au *Monde*, grâce à Alain Rollat, un de vos futurs soutiens, vous êtes sur un petit nuage. *Le Monde*, temple du journalisme, lu, commenté, décortiqué dans toutes les chancelleries de la planète. *Le Monde,* référence des universités. *Le Monde*, fondé par Hubert Beuve-Méry, qui s'éloignera du général de Gaulle pour se rapprocher des idées de Pierre Mendès France, et où vous avez décidé de prendre le pouvoir, pour y imposer une ligne plus conforme à vos souhaits.

Nous sommes en 1980. Vous avez 28 ans. Vous osez tout. Déjà, dans votre esprit critique, s'installe un doute. À savoir que *Le Monde* a traité de mauvaise manière le conflit entre les Tutsis et les Hutus. Cette impression aura une grande influence sur le regard que vous porterez sur François Mitterrand et son entourage, aux manettes dans cette affaire, et sur le ressentiment que vous développerez à son encontre, quand vous comprendrez qu'il a voulu maquiller les faits.

À marche forcée

D'abord affecté à la rubrique « Éducation », vous rejoignez vite la rubrique « Police ». Vous y trouvez un confrère délicieux, James Sarazin, pince-sans-rire, que je croiserai, en 1988, à *L'Express*. Il avait tenté, une première fois, de vous faire entrer au *Monde*. En vain.

Journaliste rigoureux, à l'origine de l'affaire Boulin, Sarazin sera victime de ce qu'il y a de plus déplaisant dans la presse : le lâchage. Je m'explique. Lorsqu'il révèle, en 1979, les possibles turpitudes du ministre du Travail d'alors, Robert Boulin, il est adulé. Bravo. Excellent travail. Quand Boulin se suicide – thèse officielle à l'époque –, il est montré du doigt : Sarazin et *Le Monde* en seraient-ils les responsables ? C'est à peine si ses confrères le saluent. Il était un héros, il devient un pestiféré. (Écœuré, Sarazin abandonnera les affaires politico-financières pour suivre les dossiers des transports et de l'aéronautique. Il quitte *Le Monde* avant d'entrer à *L'Express* en 1988.) D'une grande honnêteté intellectuelle, marqué par la mort de Robert Boulin, il s'attellera à démontrer que l'ancien ministre du Travail de Giscard a en réalité été assassiné. Belle remise en cause du travail d'un journaliste, n'est-ce pas ? Mais le départ de Sarazin vous permettra d'élargir votre périmètre, et votre influence.

À vos côtés, pour dénicher scoops et informations exclusives, vous pourrez compter sur Georges Marion, ancien de *Rouge*, nouvelle recrue du *Canard enchaîné*. Marion souhaitait votre embauche au *Canard*. Vous y faisiez des piges. Vous y passiez souvent le vendredi. Non, dira Claude Angeli, à l'époque rédacteur en chef adjoint. Pas question de voir débarquer deux confrères qui pourraient lui faire une concurrence déloyale ! Finalement, quelque temps après, c'est Marion qui vous rejoint rue des Italiens. (Après le scandale Pechiney, Marion partira comme correspondant du quotidien à Alger, puis à Berlin.) Votre tandem tourne à plein régime.

Chacun son rôle. Schématiquement, à vous celui de l'analyse, de la mise en forme, tandis qu'à Marion sera dévolu celui du fouineur. Dès le premier septennat de François Mitterrand, vous êtes servi. Commence la spirale des affaires qui écornera la réputation du mitterrandisme et de son chef : financement du PS via le bureau d'études Urba, les Irlandais de Vincennes, Greenpeace, Carrefour du développement, qui vit un ministre aux portes de la Haute Cour de justice.

Bravo. Et puis, subitement, une bavure. Une sortie de route. Comme en février 1987. La France est, depuis 1986, la cible d'attentats moyen-orientaux. Georges Ibrahim Abdallah, militant de la Fraction armée révolutionnaire libanaise (FARL), attend d'être jugé pour complicité dans l'assassinat d'un diplomate israélien et de l'attaché militaire de l'ambassade des États-Unis à Paris. Les attentats redoublent d'intensité.

Les salles de rédaction sont mobilisées. Chaque journaliste a son idée sur l'identité des terroristes. La police également. Un mouvement, le Comité de solidarité pour les prisonniers politiques arabes du Proche-Orient (CSPPA), revendique les attentats, dont celui du 17 septembre 1986, rue de Rennes, devant le magasin Tati (sept morts, cinquante-cinq blessés). Le ministre de l'Intérieur Charles Pasqua et son adjoint, Robert Pandraud, confirment cette piste. Avec votre compère Marion, vous emboîtez le pas des deux ministres. Ils vous ont baladés. Plus tard, Pandraud, d'un ton patelin, avouera : « Je me suis dit qu'au fond, mettre en avant la piste Abdallah ne ferait pas de mal, même si ça ne faisait pas du bien. En réalité, nous n'avions aucune piste. »

L'ensemble des journalistes a fait confiance au ministre. Gentils naïfs ! Vous avez mordu à l'hameçon. Quelque temps après, *Le Monde diplomatique* ne se privera pas de vous mettre en boîte et de dénoncer « ce journalisme policier » qui a fait condamner

Abdallah, toujours détenu près de quarante ans après les faits… En réalité, les auteurs des attentats de 1986 étaient des militants du Hezbollah liés à l'Iran. Je vous rassure : pas un instant, je n'ai pensé que vous étiez à l'origine de la condamnation de l'ancien dirigeant des FARL.

Permettez une petite digression. Cette période des attentats, je l'ai vécue comme vous (j'étais présent lors de l'attentat de la rue de Rennes. Journaliste au *Point* pour quelques jours encore, je m'apprêtais à rejoindre *L'Express*).

Comme vous, j'ai vu à l'œuvre les hauts fonctionnaires de police enfumer les journalistes. Il fallait, à tout prix, rassurer l'opinion. C'est ainsi qu'au cours d'une conversation téléphonique avec lui, le patron des RG de l'époque, futur préfet de police à Paris, Philippe Massoni, me fit cette confidence : « Depuis quelques jours, nous avons placé, dans chaque avion qui décolle de Roissy et d'Orly, deux fonctionnaires de police en civil. Leur mission ? Surveiller, sans être identifiés, au plus près, les comportements suspects de passagers. » « C'est une bonne chose », lui dis-je. Éclat de rire de Massoni. « C'est faux, mais croyez-moi, si vous l'écrivez, vous ne serez pas démenti. »

L'ami de l'ami du prince

Plus tard, ce sera Pechiney avec Roger-Patrice Pelat, l'ami du prince, montré du doigt, puis la Société générale, et le suicide, le 1er mai 1993, de Pierre Bérégovoy, embringué dans une histoire de prêt qui n'aurait jamais été remboursé. Un million de francs ! Un mauvais souvenir, la disparition tragique de Bérégovoy. Le président Mitterrand aura des mots très durs, le jour de l'enterrement, à Nevers, du Premier ministre, à l'égard des journalistes. Ce fut un réquisitoire implacable. Vous vous sentirez, plus que vos confrères, particulièrement visé. J'entends encore, le jour de l'enterrement de Pierre Bérégovoy, la voix sourde, à peine retenue de colère, du président de la République : « Toutes les explications du monde ne justifieront pas que l'on ait pu livrer aux chiens l'honneur d'un homme et finalement sa vie. » Un an plus tard, vous répliquez sèchement au président de la République en publiant *Un temps de chien* (Stock, 1994).

Le 7 avril 1994, François de Grossouvre, dont vous serez un visiteur assidu, visiblement un de vos informateurs, pour lequel vous manifestez une bienveillance évidente, se donne la mort, dans une annexe de l'Élysée, quai Branly, à Paris. Bien sûr, le pouvoir et les « affaires » ont toujours été liés, et déjà, sous le général de Gaulle, les chroniqueurs moquaient la République « une et immobilière », tant les promoteurs immobiliers y faisaient prospérer sans retenue leurs affaires.

À l'époque, la presse était quelque peu anesthésiée – surtout l'audiovisuel –, voire peu pugnace. Mais les choses vont changer. L'arrivée de la gauche au pouvoir vous permettra de stopper cette absence de curiosité doublée d'un endormissement consenti. Et puis, phénomène venu d'outre-Atlantique, grâce à Bob Woodward et Carl Bernstein, journalistes stars du *Washington Post*, qui révéleront le scandale du Watergate, cause, en août 1974, quelques mois avant le terme de son mandat, de la démission de Richard Nixon, le journalisme d'investigation fascinera les jeunes journalistes. Chacun voulait avoir son scoop. Vous le premier. Ne dites pas non ! Woodward et Bernstein avaient eu la peau de Nixon. Est-ce que je me trompe si je dis que vous auriez souhaité celle de Mitterrand ? (Vous avez réfuté cette affirmation lors du procès des écoutes, dont vous avez été l'une des victimes.) L'occasion, pensiez-vous, pouvait vous en être donnée par l'histoire des Irlandais de Vincennes. La justice s'est arrêtée au bon moment. Vous l'avez racontée avec talent certes, avec un soupçon d'imagination ? En tout cas, en ayant franchi une ligne jaune qui vous fait jouer à la fois le rôle d'observateur et d'acteur. Ce qui, vous l'admettrez, est peu déontologique.

Un parcours entaché

Après ce détour, reprenons le fil de votre parcours et intéressons-nous à une histoire qui reste une tache indélébile pour le pouvoir socialiste. Comme un symbole de la plus minable des dictatures. Cette histoire, c'est celle de trois malheureux Irlandais de Vincennes que l'on a voulu impliquer dans l'attentat de la rue des Rosiers du 9 août 1982. Attentat qui fit six morts et vingt-six blessés parmi les clients et employés du célèbre restaurant du Marais, Goldenberg.

Il ne faisait pas bon circuler dans Paris. Ambassade d'Irak, représentation de l'OLP, pub Saint-Germain, Action directe, attentat du groupe arménien Asala à Orly. Une violence irrationnelle, aveugle, envahissait Paris.

Le dimanche 26 août 1982, le présentateur de TF1, Jean-Claude Bourret, l'air satisfait, annonce au journal de 13 heures l'arrestation de ces terroristes. Ce sont trois militants de l'IRA (l'armée républicaine irlandaise est hostile à la présence des Britanniques en Irlande), hébergés par un militant tiers-mondiste, Bernard Jegat. Forcément coupables. Armes, explosifs, documents accablants ont été trouvés dans l'appartement. Ce coup d'éclat a été mené par deux gendarmes dont on reparlera : le commandant du GIGN, Christian Prouteau, et son adjoint, le capitaine Paul Barril. Ici et là s'élèvent les voix des sceptiques et des incrédules. On s'interroge sur ces Irlandais. Sur les armes dont ils disposent. Sur la procédure… fantaisiste. Prouteau et Barril seront d'ailleurs finalement relaxés. En attendant, pas de présence des suspects pendant la perquisition. Peu importe. C'est sûr, l'indic, qui n'était autre que Jegat, n'en démordait pas : il reconnaissait ces trois-là (deux hommes et une femme) sur photos. Des photos peu ressemblantes avec les interpellés. La police ne mouftait pas. Qu'importe ! Quand on a besoin de preuves, même dans les pays qui se prétendent en conformité avec l'état de droit, on les trouve le plus facilement du monde. Vous, grâce « à la chance, cadeau du ciel », vous allez découvrir la vérité… Vous l'écrirez dans *La Part d'ombre* (Folio-Actuel 1994).

Début janvier 1983. La salle des fêtes du ministère de l'Intérieur. On y fête la nouvelle année. Gaston Defferre, le maître des lieux, accompagné de son épouse, la romancière Edmonde Charles-Roux, reçoit ses invités. Des flics haut gradés. Un ou deux préfets. Des élus. Des journalistes au nombre desquels vous êtes. On discute. On parle. Si l'on veut recueillir quelques confidences, quelques coups fumeux, s'il y a bien un endroit où il faut être, c'est place Beauvau. Vos oreilles traînent. En espérant récupérer quelques confidences. Celles que vous ne partagerez qu'avec vos lecteurs. « La chance est un cadeau », avez-vous écrit. Effectivement. Au détour d'une coupe de champagne, un policier vous glisse : « L'explosif saisi à Vincennes, je sais qui l'a apporté. » Il vous a reconnu. Columbo, c'est vous. Ébahi, vous l'êtes. Mais encore plus curieux qu'il y a quelques minutes. Rationnel, vous vous dites que si cet inconnu sait, et lance cette révélation dans ce lieu qui flaire bon les secrets, c'est que d'autres savent. Vous êtes journaliste, dénicheur de scoops et… un peu flic : il suffira de les trouver… Vous vous livrez à une enquête de voisinage. Vous fouinez, prenez contact avec des enquêteurs… et, par déduction, obtenez une réponse. L'homme qui sait n'est autre que le capitaine Paul Barril, numéro 2 du GIGN. La piste est bonne. En haut lieu, du côté de Charles Hernu, ministre de la Défense, le son de cloche ne varie pas : cette histoire de Vincennes n'est pas bidon, vous le verrez. Quand Hernu affirme, on a le droit de douter. La preuve en sera fournie avec l'affaire Greenpeace, où l'on verra que les affirmations de Hernu ne sont que des bobards. Mais revenons à nos gendarmes. Vous avez une autre certitude : les trois Irlandais n'ont rien à voir avec l'attentat de la rue des Rosiers Le complot terroriste ? Il n'a pas existé. Que trouve-t-on dans leur appartement ? Des photos de famille ; des revues qui n'ont rien de confidentiel ; des faux papiers qui n'ont d'autre objectif que de les protéger d'un risque d'attentat émanant des services du gouvernement britannique. À l'Élysée, on se demande comment on va se sortir de ce pétrin. Vous rencontrez Jegat, le commandant Jean-Michel Beau. Galopent les semaines. Accrocheur, méthodique, vous reconstituez le puzzle qui conduit à la vérité : une barbouzerie de haut vol comme il en a existé sous la Vᵉ République, avec comme point de départ une simple erreur d'un militant tiers-mondiste devenu presque à son insu un informateur de la cellule élyséenne. Une grosse bourde, en somme…

De vieilles rancœurs

Le contentieux violent qui vous a opposé au premier président socialiste de la Ve République restera dans les annales. Il repose sur une double origine : le passé bienveillant de François Mitterrand, au moins dans un premier temps, avec le régime de Vichy, le côté Machiavel du personnage et les écoutes téléphoniques illégales dont vous avez été victime au début de son premier septennat. Ah, ces écoutes ! Pour vous, d'une certaine façon, un honneur de voir scruter votre existence et, en même temps, une blessure de voir votre vie privée étalée à longueur d'écoutes. Humiliant de se voir affubler du qualificatif de « Benêt » dans les comptes rendus révélés par la presse en 1993, alors que les « zonzons » avaient débuté en… 1985 ! Je reconnais que vous avez été « choyé » dans cette histoire qui restera comme l'une des taches noires des septennats de François Mitterrand. D'avril 1985 à mars 1986, 662 de vos conversations ont été retranscrites. Très souvent, des atteintes à la vie privée, n'ayant rien à voir avec une quelconque atteinte à la sûreté de l'État. Si vous vous êtes mis en avant dans ces écoutes, vous n'étiez pas seul. D'autres journalistes l'ont été : Jacques Merlino, Hervé Brusini, Jacques-Marie Bourget ou Michel Cardoze. Trois avocats célèbres, Jacques Vergès, Francis Szpiner et Antoine Comte, font partie du contingent des écoutés ; une surprise : Carole Bouquet l'est également. En « branchant » la comédienne, la cellule de l'Élysée aurait voulu en savoir un peu plus sur les activités d'un de ses amis, notamment ses liens avec le colonel Kadhafi. Pipeau que tout cela ! Les écoutes ne donnent rien. En revanche, encore une bourde, énorme, de la cellule élyséenne.

Ces écoutes voulaient surtout déterminer quel était votre informateur dans l'affaire Farewell. (Ce dernier, de son vrai nom Vladimir Vetrov, espion du KGB, envoyé en France en 1965 pour y récolter l'avancée des technologies en Europe de l'Ouest, finira par trahir, en 1980, l'Union soviétique. À la suite de la découverte des agissements de Vetrov, le président Mitterrand ordonne l'expulsion, le 5 avril 1983, de 44 espions soviétiques.)

Évidemment, les « zonzons » ont pris quelques libertés, profitant de l'occasion pour suivre, en permanence, vos faits et gestes. Y compris le non-respect de votre vie privée.

Dans leur livre, *La Face cachée du Monde*, paru aux Éditions des Mille et Une Nuits (2003), Pierre Péan et Philippe Cohen font état d'un supposé marché, d'une sorte de gentillesse partagée, que vous auriez passé en 1993 avec Charles Pasqua, le ministre de l'Intérieur. Il vous aurait demandé de lâcher le pied dans l'affaire Schuller-Maréchal, une affaire de financement occulte du parti gaulliste, sur laquelle le juge Halphen mène des investigations. Une « manip » destinée à obtenir le dessaisissement du juge Halphen un peu trop actif dans la mise au jour du financement du RPR, via les HLM de Paris et des Hauts-de-Seine. En échange, le ministre vous aurait facilité l'accès au dossier des écoutes téléphoniques dont vous avez été victime. À ma connaissance, vous n'avez ni confirmé ni infirmé l'information publiée dans le livre de Péan et Cohen.

À la bagarre

Prêt également à la confrontation, car on a parfois l'impression que c'est avant tout celle-ci que vous recherchez. Sur ce terrain, vos contradicteurs ne manquent pas, tant vous irritez – c'est peu dire – vos adversaires. Prenons l'exemple d'un des plus virulents : il s'appelle Pascal Praud. Ancien spécialiste du football sur TF1, jadis président du FC Nantes, il anime sur CNews, chaque matin à 9 heures, et chaque soir à 20 heures, une émission, « L'Heure des pros » où cinq ou six invités commentent l'actualité. On y déteste, pêle-mêle, Macron, Mélenchon, LFI, Plenel, France Inter – que des gauchistes dans cette station –, on en pince pour Marine Le Pen, Jordan Bardella, Donald Trump, on éprouve de la tendresse pour Marion Maréchal ou Éric Zemmour, on pense que c'était mieux avant. Notamment quand Nicolas Sarkozy, l'un de vos meilleurs ennemis, occupait l'Élysée. De quoi parle-t-on, autour de M. Praud ?

Délinquance. Immigration. La justice, trop laxiste. L'islamisme, envahissant. Les refus d'obtempérer, un fléau. Et bien sûr, les fameuses OQTF – obligation de quitter le territoire français –, exécutées à hauteur de 10 % à peine, y affirme-t-on.

Pour contrebalancer son plateau, Pascal Praud invite toutefois des personnalités aux opinions divergentes. Ainsi, André Vallini, ancien député PS de l'Isère, l'avocat Alain Jakubowicz, jadis partie civile dans les procès Papon et Barbie. Manuel Valls, l'ancien Premier ministre, fréquente la chaîne, tout comme Aurore Bergé, soutien d'Emmanuel Macron. Grâce à eux, c'est un peu de nuance qui entre à CNews, tout comme avec le jeune philosophe Nathan Devers. On y voit même, désormais, deux lieutenants de Mélenchon, Manuel Bompard et Éric Coquerel, le président de la commission des finances de l'Assemblée, répondre aux invitations de CNews. Mais jamais à Pascal Praud. Pour vous, pas question de mettre les pieds dans les locaux d'une chaîne de Bolloré. Vos relations avec Pascal Praud sont tellement exécrables que toute rencontre est impossible. Pour lui, vous êtes un « tartuffe », un « islamo-gauchiste ». Vous répliquez : « CNews transpire la haine. » J'y perçois surtout une ligne conservatrice, voire réactionnaire. Vous ne le supportez pas. Depuis la dissolution de l'Assemblée nationale, en juin 2024, et la campagne des législatives qui a suivi, la chaîne s'est alignée sur les positions du RN, comme en témoignent les candidatures sur ses listes de deux chroniqueurs de la chaîne aux législatives : l'avocat parisien Pierre Gentillet, russophile, membre du Rassemblement national, investi dans le Cher, et Guillaume Bigot, ancien supporter de Charles Pasqua et Jean-Pierre Chevènement, qui tente sa chance dans le Territoire de Belfort… Parachutés tous deux, seul Guillaume Bigot fera son entrée au Palais-Bourbon.

Si Pascal Praud part souvent en guerre contre vous, il n'est pas le seul. Vos inimitiés sont en effet innombrables, notamment chez les élus LR – Xavier Bertrand, Nadine Morano. Le premier dénonce « les méthodes fascistes » de *Mediapart* à l'occasion de l'affaire Bettencourt (2010). Huit ans plus tard, lors de la mise en examen de Nicolas Sarkozy dans l'affaire libyenne, la seconde ne fait pas dans la nuance, elle aussi. Elle vous traite de « sale petit bonhomme obsédé par Sarkozy ». Est-ce la bonne manière pour vous critiquer ? Évidemment non. Les confrères, à l'unanimité, ont dénoncé les « sorties » des deux élus.

Du côté de certains chroniqueurs ou polémistes, Éric Naulleau ou Éric Zemmour, ce n'est pas « Embrassons-nous Folleville » ! Vous qualifiez le second de « néo-pétainiste » !

Avec ce dernier, les empoignades sont féroces. Vous êtes en désaccord sur tout. Sur l'Algérie. Sur la colonisation. Sur l'immigration. De même, Franz-Olivier

Giesbert, ancien directeur du *Nouvel Observateur*, puis du *Figaro* et du *Point*, ne loupe pas une occasion de dire, avec férocité, tout le mal qu'il pense de vous. Et vous de lui. S'agit-il de journalisme, ou de combats personnels, voire de haines recuites ? Je vous renvoie à l'article au vitriol que vous consacre Giesbert dans la *Revue des Deux Mondes*, en avril 2021. Vous donnez des coups. En retour, vous en recevez. Ainsi, lors de l'émission de Laurent Ruquier, « On est en direct », du 6 février 2022, où le comédien Gérard Darmon vous traite de tartuffe et vous accuse d'utiliser des méthodes policières dans vos enquêtes. Interloqué, vous êtes. Cette charge, vous ne la comprenez pas. Pas davantage le public présent. Pourquoi cette saillie ? On le saura le lendemain. Darmon a appris que *Mediapart* allait sortir une information mettant en cause le garde des Sceaux, Éric Dupond-Moretti. C'est son ami. Il vient à son secours. L'information en question ? Dupond-Moretti aurait acheté – 100 000 euros – une Maserati réglée en liquide, via une société immatriculée aux Seychelles. Tout cela restant bien sûr confidentiel et sujet à caution. Éric Dupond-Moretti précisera : « le juge d'instruction a reçu l'ensemble des pièces et n'a pas souhaité m'entendre comme témoin. » Glissons encore sur les relations aigres-douces que *Mediapart* entretient avec *Le Canard enchaîné*. Après tout, vous êtes deux chasseurs de scoops, donc concurrents. Les petites vacheries sont de mise. Ainsi, le *Canard* ne se privera pas de montrer son scepticisme sur le fameux scoop Cahuzac révélé par *Mediapart*. En écho, vous défendez implicitement Christophe Nobili, votre confrère du *Canard*. À l'origine de la chute de Fillon, ce dernier soulèvera un lièvre qui fera mal au *Canard* : le versement, pendant 25 ans d'un salaire soupçonné d'être fictif à André Escaro, ancien administrateur du journal et sa compagne. Demande de licenciement du « traître » Nobili. Avec gourmandise, me semble-t-il, *Mediapart* révèle que *Le Canard* utilise tous les moyens de droit pour que Nobili soit licencié. Les vacheries se poursuivent : *Mediapart* rend public le train de vie des anciens dirigeants du *Canard* : 300 000 euros annuels pour deux d'entre eux. Ajoutez les 100 000 euros annuels versés à un pigiste de luxe, et on comprend l'émoi du Palmipède. D'autant que *Mediapart* affirme que *Le Canard* paye ses pigistes – 147 en 2024 – au lance-pierre. Dites-moi, ces bonnes manières, entre confrères, cacheraient-elles un cadavre entre *Le Canard* et *Mediapart* ?

Un organe dévoué à la gloire du père fondateur

Lorsque vous lâchez les rênes de *Mediapart*, au printemps 2024, le site, pour vous rendre hommage, raconte vos enquêtes. Les Irlandais de Vincennes. Le *Rainbow Warrior*. Les écoutes illégales dont vous avez été victime. L'affaire Bettencourt. L'affaire Cahuzac. L'affaire Benalla, du nom de ce chef adjoint de cabinet du président Macron photographié le 1er mai 2018 en train de tabasser un couple, place de la Contrescarpe, qui avait balancé des projectiles contre des CRS. Benalla, un aventurier qui fait du business avec la Russie. Cette histoire, ce n'est pas vous qui l'avez révélée, mais votre consœur du *Monde,* Ariane Chemin.

À vous tout seul, vous étiez à deux doigts de faire sauter la République. Allez, encore un effort : l'étoile du journalisme d'investigation, journalisme d'enquête, préférez-vous, c'est vous. Pas celui que Pierre Péan qualifie de journalisme de procès-verbaux, celui qui fait du journaliste le messager ou le porte-voix du juge. Enfoncés, les Albert Londres, dont vous vous réclamez, Pierre Péan, Jacques Derogy, Jean-Marie Pontaut ? Et les autres confrères ? Des pieds nickelés ?

Légende dorée

Pour un peu, le lecteur s'attendrait à des séquences du style : Plenel bébé ; Plenel en 6e, Plenel passant le bac ; Plenel dans son bureau à *Rouge*, Plenel au *Monde*, Plenel en famille en train de fumer un cigare, Plenel offrant du vin « Cuvée Plenel » à ses amis venus lui rendre visite dans sa maison de Pezenas, etc. Pourtant, vos réticences à l'étalage de la vie privée sont connues.

Or, qu'ai-je vu le 20 mars 2016, à l'émission « Thé ou Café » de Catherine Ceylac sur France 2 ? Un homme bouleversé par le témoignage de son épouse, Nicole, anthropologue et sociologue de renom. Les larmes aux yeux, il l'entend évoquer leur rencontre, au début des années soixante-dix, quand tous deux militaient à la LCR. Cet homme, c'est vous. Un Breton d'outre-mer, comme vous le revendiquez. Dur comme du granit, on vous croyait. Et voilà que vous craquez… Avant de lancer : « Nicole, c'est la femme de ma vie. » Plenel la tendresse…

Vie de famille

Un an plus tôt, votre épouse fendait l'armure dans le *JDD*, en évoquant des choses personnelles. Révélant être la fille de parents immigrés juifs polonais. S'attardant sur son enfance heureuse grâce à l'amour de ses parents, notamment celui de son père. Au détour de ce témoignage touchant, Nicole martèle ses idées, identiques aux vôtres. Toujours dans le *JDD*, elle déplore la montée du Front national, du racisme, de la xénophobie, avec bien peu d'espoir politique. Elle poursuit : « Je pense que les immigrés sont les héros discrets des temps modernes. [...] Il faut un courage immense pour partir loin de chez soi, quitter sa famille, quitter sa langue, sa terre, afin de se trouver un nouvel avenir. Les migrants sont prêts à affronter les difficultés les plus redoutables. Il est important de changer de regard sur eux. »

En février 2024, quelques années après la confession de votre épouse, vous qui n'aimez guère la presse people, vous vous laissez embarquer par *Gala* pour un portrait. Disons-le, très brosse à reluire. Exactement le genre de journalisme que vous abhorrez.

Public et privé

On y apprend, information capitale, que, né un 31 août, vous êtes du signe de la Vierge. Le même que celui d'Éric Zemmour, que vous traitez de « néo-pétainiste ». En retour, vous voici catalogué « pro-musulman ». Je me suis amusé à regarder dans *Elle* les caractéristiques de votre signe du zodiaque, Vierge donc. On y lit : « Il a un sens du devoir important. Son souci de sécurité et sa peur du lendemain font de lui un travailleur méticuleux. Il est exigeant et n'aime pas l'imprévu, ni perdre son temps. [...] Comme son homologue féminin, il n'aime pas se mettre en avant au risque d'être parfois trop discret. » Là, à la lecture de cette dernière phrase, on éclate de rire ! Vous et Zemmour, « le moi je », vous connaissez !

Ainsi donc, Zemmour et vous seriez des adeptes d'une vie pépère, discrète, à l'écart du bruit de la cité. Le monsieur ou la dame qui a rédigé ce commentaire a tout faux. La lecture et l'interprétation de l'horoscope sont surtout destinées aux midinettes en quête de bonheur absolu. Ce qui ne concerne pas des journalistes de votre niveau, qui depuis des années font et défont les opinions. Enfin, le croyez-vous ! Encore que le général de Gaulle et François Mitterrand, avant de prendre une décision importante, consultaient une voyante et lisaient l'horoscope du jour.

Après cette parenthèse qui n'a d'autre ambition que la légèreté, revenons aux choses sérieuses, en évoquant le journalisme d'investigation, ce journalisme d'enquête qui a acquis ses lettres de noblesse en France, mais souvent voué aux gémonies par ceux qui sont cités dans vos enquêtes ou celles de vos confrères.

Auriez-vous pris conscience que, désormais vedette du journalisme d'investigation, vous devez accepter quelques contraintes ? Regrettez-vous d'avoir publié certains articles ?

Star Ac

À propos de star, je constate qu'une de vos photos prises dans *Gala* est référencée Bestimage. Ce nom vous dit forcément quelque chose. C'est celui de l'entreprise que dirige Mimi Marchand, une dame sur laquelle *Mediapart*, sous la signature notamment de Fabrice Arfi, a beaucoup écrit. Spécialisée dans la vente de photos – souvent à *Voici* – de personnalités du show-biz et de la politique, Mimi Marchand, ex-garagiste, un temps propriétaire de boîtes de nuit, copine des couples Macron et Sarkozy (moins de Nicolas aujourd'hui), a vu son nom cité dans l'affaire de la fausse rétractation de Ziad Takieddine dans l'affaire libyenne. Elle n'est pas la seule. D'autres personnages sont également apparus. Parmi ceux-ci, un journaliste réputé, avec lequel vous avez fait tandem au *Monde* dans les années quatre-vingt-dix, Hervé Gattegno. Aujourd'hui, la brouille est totale entre vous… Nous verrons pourquoi.

Un destin planétaire ?

On vous écoute, on se bouscule pour assister à vos conférences de Lille à Rennes en passant par Marseille et des petites villes de province.

Votre notoriété dépasse nos frontières. Radio Canada vous invite. En 2018, vous allez en Colombie donner une conférence sur « l'obscénité de la corruption » dans ce pays. La célèbre revue américaine *Variety*, spécialisée dans l'industrie du cinéma, sollicite une interview. Vous avez effectué un petit tour en Suisse, il y a peu encore, pays où nombre de nos compatriotes planquent leur argent. Ce qui n'est évidemment pas votre cas. Vous, c'était pour enseigner, comme professeur associé à l'université de Neuchâtel. Votre consœur, spécialiste de la Russie, Anne Nivat, a également eu cet honneur. Vous avez obtenu un poste identique à Montpellier. L'université de Mons (Belgique) vous a décerné le titre de docteur honoris causa.

Alors, on se met à plaisanter : à quand l'élection d'un trotskiste à l'Académie française ? Pour l'heure, vous vous contentez de participer aux « Rencontres du Papotin », diffusées sur France 5, qui permettent à des handicapés de poser des questions, en toute liberté, sans filtre, à des personnalités du monde politique ou culturel. Ce fut le cas, le 28 mars 2024, à la salle de l'Olympia à Tours… 450 personnes y ont assisté. Vous étiez très ému. Emmanuel Macron y a, lui aussi, participé.

Fin mars, vous étiez également présent aux Assises du journalisme, toujours à Tours, où fier comme tout vous avez brandi votre premier dessin, effectué à la Martinique, alors que vous étiez âgé de 6 ans… Vous n'en faites pas trop ?

Vous êtes partout. Et demain, au Groenland ? À moins que ce ne soit aux Galapagos ? Une escapade en Russie est aujourd'hui totalement exclue. Là-bas, assurez-vous, « je serai soit contraint à l'exil, soit emprisonné, soit exécuté ». Il est vrai dans la Russie de M. Poutine, comme dans l'Union soviétique de M. Brejnev, les libertés publiques n'existent qu'en rêve.

II

UNE PRESSE DE COMBAT

Roland Dumas, innocent et coupable

Pour vous, le journalisme est un combat, et d'abord un combat contre des personnes, comme en témoigne votre traitement de la retentissante affaire Elf-Dumas. À l'époque, vous étiez le grand manitou de l'investigation au *Monde*, auquel vous imposiez vos diktats. En réalité, dans ce dossier, c'est surtout le volet Dumas qui vous a passionné. Entre 1997 et 2001, vous lui avez consacré pas moins de 52 unes ou appels de une… Étaient-elles toutes justifiées ? Chaque journal est libre de choisir. Et bien sûr, Roland Dumas était un client hors pair. Personnage de roman, grand séducteur, disciple moderne de Talleyrand, mécanique intellectuelle de haut vol, détenteur des secrets de la Mitterrandie, ami et avocat des artistes, de Picasso à Jean Genet, partie civile dans l'affaire Ben Barka, président du Conseil constitutionnel… Comment ne pas s'intéresser à lui, dès lors qu'il se trouvait dans le collimateur de la justice ? Ce que vous avez fait, pendant des semaines et des semaines, bénéficiant de nombreuses sources. C'était l'époque bénie où policiers, juges, avocats se montraient bavards. Les révélations tombaient comme à Gravelotte : un jour, on apprenait que Roland Dumas s'était fait offrir une paire de bottines Berluti – valeur 11 000 francs – par sa maîtresse, Christine Deviers-Joncour, un autre que cette dernière et lui-même bénéficiaient d'un appartement de 300 mètres carrés à Saint-Germain-des-Prés, réglé sur les fonds d'Elf ; un autre encore que la dame percevait quelques « subventions » de la compagnie pétrolière, sans motif apparent... Entre autres libéralités. L'opinion adorait suivre le feuilleton. Le cocktail argent, sulfureuse maîtresse, pouvoir, aiguisait curiosité et passions. Jusqu'à ce que vos articles fassent mouche : Roland Dumas se voyait contraint de démissionner, le 29 février 2000, de la présidence du Conseil constitutionnel. Du jamais-vu sous la Ve République. C'était certain : le beau Roland, si gourmand et que l'argent rendait si imprudent, allait chuter, pour recel d'abus de biens sociaux et complicité. J'ai assisté, en février 2001, à son procès en première instance devant le tribunal correctionnel de Paris.

Au bout du compte, l'ancien ministre des Affaires étrangères est condamné à 30 mois de prison avec sursis et écope d'une amende de 1 million de francs. Vous étalez votre satisfaction, mais pas longtemps. Dumas interjette appel. Il est relaxé en janvier 2003.

La raison ? Il n'est pas établi, dira le tribunal, que Mme Deviers-Joncour connaissait avec certitude l'origine frauduleuse des commissions qu'elle a perçues d'Elf. Donc, il ne peut être reproché à M. Roland Dumas d'avoir bénéficié de ces délits.

Allez-vous vous expliquer sur le décalage entre la logique médiatique et la logique judiciaire ? De quoi s'interroger après 52 une du journal. Tout ça pour ça ! Eh bien, vous publiez, dans *Le Monde* daté du 30 janvier 2003, sous le titre « L'innocent M. Dumas », un éditorial cinglant : « La justice proclame Roland Dumas non coupable. Elle ne dit pas que tous ses actes furent innocents. » Y aurait-il pour vous de bons et de mauvais innocents ? La justice plenelienne serait-elle plus légitime que la justice tout court ? Au journal, votre éditorial fait des vagues. Notamment de la part de Daniel Schneidermann. Lequel écrit : « Ce fut, à mes yeux, l'éditorial de trop. J'ai été horrifié par le mépris que révélait cet éditorial, non pas à l'égard de Roland Dumas, mais de la justice. Oui, le président du Conseil constitutionnel doit avoir un comportement personnel exemplaire. Et s'il ne l'est pas, un journal est certes dans son rôle en informant ses lecteurs. Mais le jour où la justice le relaxe en appel, sauf à donner l'impression que “l'affaire Dumas” ne fut rien d'autre qu'une chasse à courre, ne peut-on tenter, de bonne foi, de comprendre les motifs de la décision judiciaire ? Si la justice, à l'inverse de la presse, ne peut condamner que dans les limites de sa saisine, si elle choisit de relaxer ce qu'elle n'a pas prouvé, si elle préfère un coupable en liberté à un innocent condamné, sont-ce là des scrupules forcément méprisables[1] ? »

Tout est dit dans ces lignes. Magistralement. « Chasse à courre », l'expression est terrible. Plus de vingt ans après, je me demande si, avec le recul, vous réécririez cet éditorial dans les mêmes termes que ceux du 30 janvier 2003.

Quoi qu'il en soit, le feuilleton Dumas – qui a éclipsé, dans le dossier Elf, le volet Le Floch-Prigent, plus grave, mais moins vendeur pour les gazettes (il manquait des vedettes de premier plan, notamment des affidés de la Mitterrandie) – marque les limites, me semble-t-il, du journalisme d'investigation. Un constat souvent dressé par Pierre Péan. Constat qui ne vous plaît guère.

---

1. Voir *Le Cauchemar médiatique*, coll. « Impacts », Denoël, 2003.

Des méthodes éprouvées

Vous restez en cela fidèle aux bonnes vieilles méthodes apprises lors de votre apprentissage dans la presse des organisations trotskistes de votre jeunesse. Le journal s'appelait *Rouge,* et un de vos articles vous colle à la peau.

Nous sommes le 5 septembre 1972. Alors que les Jeux olympiques de Munich ont débuté depuis une semaine, un commando de huit hommes s'infiltre dans le village olympique. Il est 4 heures du matin. Le commando gagne le bloc 3, là où dort une partie de la délégation israélienne. Quinze sportifs sont présents. Deux tentent de s'enfuir. Ils sont abattus. Un troisième y parvient en arrachant les fenêtres de sa chambre. Un quatrième aussi. Onze athlètes restent aux mains des terroristes. Au petit matin, dans le monde entier, c'est l'effroi et la tristesse… Comment ? En pleins Jeux olympiques, symbole de paix, d'union entre les peuples, par-delà les clivages idéologiques

– c'est ce qu'on dit ! –, oui, comment est-ce possible ? On rétorquera qu'en 1936, à Berlin, les Jeux se sont déroulés dans l'Allemagne nazie avec Hitler comme chef d'orchestre. Ce même Hitler qui refusera de serrer la main de Jesse Owens, vainqueur du 100 mètres et du saut en longueur. Owens était noir.

Une chose est sûre : ce 5 septembre 1972, le monde découvre brutalement deux réalités, le terrorisme et la Palestine. En effet, le commando assassin est bien palestinien, et a pour nom « Septembre noir », en référence au massacre, en septembre 1970, en Jordanie, et à l'initiative du roi Hussein, de groupes armés affiliés à l'OLP de Yasser Arafat.

Dès l'annonce de l'attentat, les autorités allemandes tentent de négocier avec les terroristes. Ces derniers souhaitent se rendre en Égypte. Vingt-quatre heures plus tard, on organise le transfert des terroristes et des otages israéliens à l'aéroport. Deux hélicoptères sont réquisitionnés. À peine posés sur le tarmac, ils essuient le feu de policiers allemands. En quelques minutes, trois terroristes sont abattus. Leurs comparses lancent une grenade sur l'hélicoptère dans lequel ont pris place les onze otages. Le carnage. Ils meurent tous. Seuls survivants : trois Palestiniens, désormais aux mains de la police. Quarante-huit heures plus tard, vient le temps des représailles. La Première ministre d'Israël, Golda Meir, décide une attaque contre les bases de l'OLP en Syrie et au Liban. Bilan : 70 morts.

Rien, ou presque, n'a changé. La guerre de Cent Ans n'est pas près d'arriver à son terme. En 1972, vous êtes âgé de 20 ans. Bercé et aveuglé par un romantisme ravageur, virulent, votre point de vue sur ce cauchemar du 5 septembre est sans ambiguïté. Vous l'exprimez dans *Rouge,* sous le pseudonyme de Joseph Krasny : « L'action de Septembre noir a fait éclater la mascarade olympique, a bouleversé les arrangements à l'amiable que les réactionnaires arabes s'apprêtaient à conclure avec Israël. [...] Aucun révolutionnaire ne peut se désolidariser de Septembre noir. Nous devons défendre inconditionnellement face à la répression les militants de notre organisation. [...] À Munich, la fin si tragique, selon les philistins de tous poils, qui ne disent mot de l'assassinat des militants palestiniens, a été voulue et provoquée par les puissances impérialistes et particulièrement Israël » (*Rouge*, n° 171). Cet article sortira de l'oubli dans un livre que vous a consacré Laurent Huberson en 2008[1]. Dur, impossible même de justifier une telle prose. Un parallèle, me semble-t-il, peut être dressé avec les suites du massacre perpétré en Israël par le Hamas et qui a causé la mort de 1 200 personnes le 7 octobre 2023. Les commentaires, les mots, ressemblent, en un peu moins violents, à ceux que vous avez employés en 1972. D'abord, une surprise : le premier titre de *Mediapart,* le 7 octobre :

1. *Enquête sur Edwy Plenel*, Le Cherche-Midi.

« Une attaque sans précédent ». Pour être neutre, il l'est. Alors que les chaînes de télévision du monde entier diffusent des images terribles de cette *rave party* qui tourne au massacre, vous n'écrivez rien. Ne dites rien. Je note, ce même jour, un reportage intitulé « De Tel-Aviv au sud d'Israël, une journée de panique en direct. Au moins 300 morts israéliens et 200 morts palestiniens ». Ce titre laisse supposer implicitement qu'un affrontement a eu lieu entre Israéliens et Palestiniens. Non et non !

Un long compagnonnage

Le 8 octobre 2023, à 14 h 11, *Mediapart* publie une interview de la responsable d'une ONG palestinienne, Rula Shadeed, une avocate qui a travaillé à Ramallah : « Nous avons le droit de résister contre la colonisation, l'occupation et l'apartheid », déclare-t-elle. Elle justifie le massacre. Le début du papier symbolise le parti pris de son autrice : « Comment la population de Palestine a-t-elle vécu ce 7 octobre 2023, dont on ignore les conséquences à moyen et long terme, mais dont on sait qu'il restera comme une date marquante du conflit israélo-palestinien ? »

Pour aller un peu plus loin, *Mediapart* donne la parole à des experts sur place ou des universitaires comme Mkhaimar Abusada, professeur de sciences politiques à l'université Al-Aqsa de Gaza. Pour lui, l'attaque du Hamas du 7 octobre est la conséquence de la politique « du gouvernement israélien d'extrême droite fasciste ».

Tout le papier est du même acabit. À charge. Étonnant... Quand je pense que vous demandez aux journalistes de *Mediapart*, comme vous le faisiez à ceux du *Monde*, d'avoir de la distance, avant de commenter, nous sommes loin du compte ! Autre détail, si l'on peut dire : jamais dans les articles publiés les 7, 8 et 9 octobre 2023, *Mediapart* n'écrit que le Hamas est une organisation terroriste. Vous préférez les mots de « combattants », « d'organisation politico-militaire », de « commando » ou de « mouvement islamiste ». Une question encore, si vous permettez : pourquoi n'avez-vous pas pris de distance avec les déclarations Rima Hassan, identiques à celle de l'ancien président de l'OLP (il est mort en 1987) Ahmed Choukhairy, qui souhaitait une « Palestine de la mer au Jourdain » ? En clair, la destruction d'Israël ? Pourquoi ne rappelez-vous jamais que le grand mufti de Jérusalem a mis ses troupes à la disposition de Hitler ? Un dernier mot : le 7 octobre 2023, dans la matinée, j'ai vu à la télévision cette scène, filmée par un témoin : « Une douzaine d'hommes couraient, presque nus, les mains attachées dans le dos... Ils couraient. Ils couraient... Derrière eux, à quelques mètres, des membres du Hamas, armés. Encore quelques mètres, avant d'arriver à une fosse. Des corps gisaient. Quelques secondes à peine, ces malheureux rejoignaient leur “tombe” à ciel ouvert. Abattus. La fosse n'était plus qu'un charnier. » Auschwitz était de retour. En Israël. Personne n'a parlé, je crois, de cette vision. Comme aujourd'hui, on ne parle plus guère des otages, sauf lorsqu'ils sont libérés.

Quand vous, le journaliste engagé, allez-vous hurler qu'ait lieu une marche, une vraie, dans toutes les capitales de la planète, avec côte à côte des milliers et des milliers de Juifs, de Palestiniens, de chrétiens et de musulmans ?

Cette parenthèse refermée, encore qu'elle se situe dans la droite ligne de vos écrits, je reviens à votre texte dans *Rouge*. Vous qui pratiquez la dialectique avec maestria, vous avez trouvé la parade. En substance : « Il y a cinquante ans, beaucoup d'intellectuels émettaient le même avis que moi. »

Sartre, un modèle contestable

Et vous citez Jean-Paul Sartre, à l'époque directeur de *La Cause du peuple.* Sartre, l'icône. L'intouchable. Lequel nous met tous d'accord. Le philosophe a écrit de puissantes pièces de théâtre. J'ai eu la chance de voir au TNP *Le Diable et le Bon Dieu,* avec l'extraordinaire François Périer. J'ai également assisté à la représentation des *Séquestrés d'Altona* au Théâtre de la Renaissance avec Serge Reggiani et Fernand Ledoux. Du vrai théâtre…

Vous devriez, si ce n'est déjà fait, lire ou relire *La Vie quotidienne des écrivains et des artistes sous l'Occupation* de Gilles et Jean-Robert Ragache[1]. Arrêtez-vous aux pages 250 et 251. Estomaqué, à moins que vous ne le sachiez déjà, vous découvrirez l'attitude de Sartre quelques jours après le débarquement des Américains en Normandie. Voici ce que vous lirez :

1. Éditions Hachette, 1988.

« Le 10 juin [1944], au théâtre du Vieux-Colombier, Jean-Paul Sartre est très préoccupé par les coupures d'électricité ! Devant un parterre mondain, il organise une représentation de sa nouvelle pièce : *Huis clos*. "Je n'oublierai jamais cette générale étouffante, par une température d'été. Dans la salle exiguë et comble, chacun ruisselait et s'épongeait ; ce qui donnait à l'action une réalité particulière puisqu'elle se situait en enfer. [...] On investissait Sainte-Mère-l'Église, et les combattants tombaient en masse au pied des falaises normandes, mais l'événement du mois était la pièce de Jean-Paul Sartre" », constate amèrement le dramaturge André Roussin.

Si vous poussez votre lecture page 252, vous lirez : « En ce dernier été d'Occupation, il fait un temps superbe sur la capitale, des jeunes gens bronzent ou flirtent sur les quais de la Seine dans une apparente insouciance. Pendant ce temps, dans la pénombre, derrière les portes plombées d'un wagon à bestiaux, anonyme parmi d'autres déportés, un poète roule lentement vers son destin : Robert Desnos est transféré du camp de Buchenwald à celui d'Auschwitz, puis de Teresin. Dans l'indifférence quasi générale. Un mois plus tôt à Paris, André Thérive a pu voir dans un cinéma de la rive droite un film amusant sur la jeunesse, dont le scénario et le dialogue sont de Robert Desnos. Or le pauvre Desnos vient d'être déporté. La nouvelle n'en est d'ailleurs connue que des milieux de presse et des cafés où il tonitruait si gaillardement. Hélas pour Robert Desnos, les nazis feront la guerre jusqu'au bout. »

Sartre, aveugle, silencieux. Desnos, un héros, résistant, déporté à Teresienstadt…

Aujourd'hui encore, cet article paru dans *Rouge* vous colle à la peau. Vrai qu'il n'est guère glorieux. Chaque fois qu'ils le peuvent, vos adversaires, entre autres, avec délectation, vous le ressortent… Vous aviez 20 ans, je le redis. Qui peut affirmer, qu'à cet âge on ne se trompe pas ? Qu'on est sur les rails d'un itinéraire qui ne variera jamais ? D'un destin tout tracé ? Il est également aisé de vous rétorquer qu'à 16 ans des adolescents ont été des héros pendant l'Occupation. Je pense à Roger Planchon, célèbre homme de théâtre, que j'ai bien connu, promu croix de guerre, tout jeune, pour faits de résistance.

Erreurs de jeunesse ?

Et l'on peut citer Bonaparte, général à 24 ans, ou Daniel Cordier, issu d'une famille réactionnaire, antisémite, maurrassienne, qui, à peine sorti de l'adolescence, s'en va chez Jean Moulin, dont il deviendra le secrétaire emblématique... Dans les années 67-68, Patrick Devedjian, Alain Madelin, Gérard Longuet, étudiants en droit à Assas, futurs ministres de la République, ont souvent fait le coup de poing contre les militants d'extrême gauche de l'UNEF... L'anticommunisme était pour eux une vocation. Trente ou quarante ans plus tard, ils se sont rangés. Loin de leurs péchés de jeunesse. Mais un autre élu a fait le chemin inverse : Maurice Leroy, ancien apparatchik du PC, ex-secrétaire général du groupe communiste au Sénat, devenu supporter de François Bayrou, promu ministre de la Ville et du Logement par Nicolas Sarkozy. Aux dernières nouvelles, il travaillerait au développement du Grand Moscou dans la Russie de M. Poutine.

Nathalie Loiseau, députée européenne LREM, élue en 2019, a, elle aussi, été militante d'extrême droite, candidate, en 1979, aux élections de Sciences Po sur une liste proche du GUD. Vous vous êtes fait un malin plaisir à ressortir cette histoire… On aurait pu croire que, après votre article sur l'attentat de Munich, vous auriez évité ce rappel dans le passé de l'ancienne directrice de l'ENA. En France, comme dans d'autres pays démocratiques, existe un principe intangible : le droit à l'oubli. Fouiller, refouiller les archives de Sciences Po, décortiquer des prises de position qui remontent à quarante-cinquante ans, a quelque chose d'insupportable. Peut-on mettre sur le même plan le passé d'une militante, remuante à 20 ans, mais qui n'a jamais soutenu la moindre exécution, avec un écrit approuvant un mouvement terroriste qui a causé la mort de onze personnes ?

Départ du père fondateur

Le 13 mars 2024, vous annoncez quitter la gouvernance de *Mediapart*, fondé avec d'autres amis, parmi lesquels quelques vieux copains trotskistes. Mais vous vous baladez encore dans les couloirs du journal. Toujours à l'affût d'une information. Toujours prêt à envoyer un tweet sur tel ou tel sujet. Ou à vouloir mettre au tapis tel ou tel qui a tenu des propos qui vous déplaisent. Toujours partant pour une conférence, même dans un patelin reculé du territoire. À 72 ans, un âge qui n'a rien de scandaleux pour prendre sa retraite, vous êtes toujours aussi virevoltant. On vous a vu multiplier les prises de position lors des élections européennes du 9 juin. Vous avez défendu la candidate LFI Rima Hassan, dont personne n'avait, à ce jour, entendu parler. Rima Hassan, réfugiée palestinienne de Syrie, montée en épingle par Jean-Luc Mélenchon, comme s'il avait cherché à détrôner Manon Aubry, pourtant tête de liste, mais pas suffisamment proche de la ligne du patron de LFI.

Après un an sans vous, c'est Carine Fouteau, présente dès le départ de l'aventure *Mediapart*, une ancienne des *Échos,* qui vous a succédé, après avoir reçu votre onction. Vous aimez dire que quatre femmes désormais dirigent *Mediapart.* C'est bien, surtout à l'heure où le sexisme fait des ravages. Dans les entreprises. Le cinéma. Le monde du spectacle. Le sport. La politique. *Mediapart* consacre de nombreux articles à ce fléau que certains font semblant de découvrir. Mais, à force de vouloir bien faire, vous tombez parfois dans le piège. Dénoncer le comportement de la gent masculine, dénoncer son instinct de puissance, qui peut aller jusqu'au crime, rien à dire… Nous y reviendrons.

III

DES GRANDS PRINCIPES ÉLASTIQUES

La puissance et la gloire.

Aujourd'hui, *Mediapart*, dont les bureaux se trouvent dans le 11e arrondissement de Paris, est une réussite. Le site poursuit son développement. Plus de 220 000 abonnés en 2023, plus de 150 salariés, après un début poussif. Votre nom est devenu une marque. Synonyme de *Mediapart.* À tout seigneur tout honneur : vous avez inventé le mot, mais vous n'êtes pas le premier à voir un journal identifié à une personnalité. *France-Soir* l'était pour Pierre Lazareff. *Le Monde* pour Hubert Beuve-Méry. *L'Express* pour Jean-Jacques Servan-Schreiber et Françoise Giroud. *Le Nouvel Observateur* pour Jean Daniel. N'oublions pas Philippe Tesson avec *Le Quotidien de Paris* ou Jean-François Kahn avec *L'Événement du jeudi,* puis *Marianne.* C'est ainsi : chaque lecteur doit entretenir un lien quasi charnel avec celui qui incarne le journal... Et chaque journaliste doit être fier d'appartenir à une communauté. C'est la clé de la réussite.

Mouvements d'humeur

Bien sûr, vous prétendez à l'impartialité et professez traiter avec la même équité tous nos grands personnages politiques. Seule la vérité compte, et vos goûts et vos choix, voire vos humeurs et vos états d'âme, n'interviendraient pas dans vos choix éditoriaux. Pourtant, de nombreux exemples témoignent du contraire, à commencer par vos tumultueuses relations avec Emmanuel Macron. Un étrange *je t'aime, moi non plus*, dans lequel se joue comme une déception amoureuse.

Car pour ce président désormais honni et prisonnier en son palais, quel fut votre enthousiasme, le 6 mai 2017, à la veille du second tour de la présidentielle, quand vous lanciez à l'adresse du candidat d'En marche, invité dans les locaux de *Mediapart* : « Nous recevons celui qui va rassembler les voix de tous ceux qui veulent dire non, non à l'extrême droite, non aux héritiers du fascisme, non aux tenants de la haine et des peurs. Merci d'avoir accepté notre invitation. Vous avez un peu commencé votre campagne, ici, à *Mediapart.* » C'est copain-copain avec le candidat Macron. Il boit du petit-lait. Enhardi par cet accueil, il en rajoute : « Je continuerai à être libre. Libre. J'ai été libre d'être un banquier d'affaires alors que je viens d'une famille où il n'y avait jamais eu de banquier d'affaires depuis des générations, pas plus qu'un inspecteur des finances. J'ai été libre de quitter ce monde qui pensait que j'étais fou, pour rejoindre une équipe de gauche, alors que tout le monde, dans ce milieu, est plutôt de droite. Et donc je continuerai d'être libre. Tant pis pour eux, si ça ne leur plaît pas. » À votre tour de boire du petit-lait. Vous rêviez, le temps d'un instant : et si la gauche revenait à l'Élysée ? Car, à l'époque, la candidature de Macron est encore perçue comme un mixte de rocardisme et de mendésisme.

Vous poursuivez sur cette lancée élogieuse : « Nous sommes au clair, ici. Karl Marx venait d'une famille bourgeoise allemande. Il a choisi le camp des prolétaires. Il y a eu un banquier qui a été le chef de la gauche du Parti socialiste, qui a été banquier beaucoup plus longtemps que vous, qui s'appelait Emmanuelli. » Secrétaire d'État au Budget, trésorier du PS, président de l'Assemblée nationale, il était passé chez Rothschild comme Emmanuel Macron.

En ce mois de mai 2017, vous n'êtes pas le seul journaliste à courtiser Emmanuel Macron. Christophe

Barbier, le 26 avril, dans *L'Express,* vous avait précédé. Quasiment une déclaration d'amour : « Emmanuel Macron incarne déjà la plus incroyable aventure de la Ve République. D'ores et déjà, par l'effet Macron, plus rien ne sera comme avant dans la vie politique française. Il faut voter Emmanuel Macron. »

« Rien ne sera plus comme avant ! » Perspicace, l'ami Barbier, mais pas dans le sens qu'il aurait souhaité ! Une course à l'échalote s'engage. C'est à qui sera le plus cire-pompes ! Un grand classique des campagnes présidentielles. Il faut être dans les petits papiers du futur président. Cela peut être utile, plus tard…

Et aujourd'hui ? Huit ans après ce festival de flatteries, les gentillesses partagées se sont évaporées. Le ton est devenu violent : le président Macron vous a déçu, n'a pas répondu à vos attentes. La rupture est consommée depuis des mois, actée le 15 avril 2018. Rappelez-vous votre interview d'Emmanuel Macron, au Palais de Chaillot, en compagnie de Jean-Jacques Bourdin. On allait voir ce qu'on allait voir ! Du vrai journalisme ! Sans complaisance, franc, pugnace. Qu'a-t-on vu ? Deux matamores davantage préoccupés par leurs questions que par les réponses du candidat. Deux journalistes à la limite de la politesse, basculant dans l'agressivité, oubliant que politesse ne rime pas avec servilité.

Intrépides, vous et Bourdin, donnez du *monsieur* à Emmanuel Macron, et non du *monsieur le président*.

Quel courage ! L'interview avait commencé très fort. Souvenez-vous de votre interpellation du président Macron : « Dans tous les secteurs, les mécontentements sont là. [...] Tous critiquent votre façon de décider de leur sort, pas seulement ce que vous décidez, mais la façon dont vous le faites, autoritaire, verticale. Vous vous êtes trompé sur le nom de votre mouvement, vous auriez dû l'appeler "En force" ! » Réplique illico d'Emmanuel Macron : « Est-ce une question ou un plaidoyer ? » Pendant deux heures d'horloge, ce ne sera qu'un dialogue tendu où Bourdin et vous-même chercherez à coincer le président. Vous avez cru poser la question qui tue : « Le groupe Kering, groupe de luxe, propriété de François Pinault, semble s'être livré à de l'évasion fiscale. Quand allez-vous en informer le ministre des Comptes publics ? » Une façon de dire au président : « Pourquoi protégez-vous à ce point vos amis milliardaires ? Quand allez-vous y mettre fin ? » Là, c'est trop, le président, plus qu'agacé, réagit... Et fait allusion au redressement fiscal que *Mediapart* s'est vu infligé pour s'être appliqué la TVA au taux réduit de 2,1 %. Ce qui était illégal. « Vous avez payé et c'est très bien ainsi », enchaîne Emmanuel Macron. Sourire pincé, vous répliquez : « Ah, ça, c'est mesquin ! »

Ah, cette maudite histoire de TVA ! Elle vous est restée en travers de la gorge. Depuis 2008, vous bataillez pour que le taux réduit de TVA – 2,1 %, et non

19,6 – appliqué pour la presse papier le soit également pour la presse en ligne. Pendant des années sans succès. Au contraire, puisque le fisc vous a infligé un redressement fiscal de 3,3 millions d'euros et une pénalité de 1,1 million d'euros pour non-paiement de la TVA. Jusqu'à cette année 2018, où l'Assemblée nationale, dans un vote serré, vous a donné raison. Ce combat, faut-il le préciser, vous ne le menez pas seul, mais avec des confrères ; notamment Indigo Publications, créé en 1981, par l'ancien correspondant du *Monde* à La Réunion, ancien grand reporter en Afrique anglophone, Maurice Botbol. Sans tambour ni trompette, – l'inverse de la philosophie de *Mediapart* –, Indigo Publications (payant, et sans publicité) révèle, sur un ton le plus neutre possible, des informations de grande qualité, que ce soit dans le domaine du renseignement, de la géopolitique et même du luxe.

L'interview est un art. Il faut être incisif, percutant mais courtois. Sinon, on devient militant, on choisit un camp. C'est votre cas.

Aujourd'hui, je revisionne l'entretien de Joe Biden – alors qu'il n'était pas encore retiré de la course à la Maison-Blanche – par George Stephanopoulos, pilier de la chaine ABC News, début juillet 2024, dans l'État du Wisconsin. Le journaliste vedette de la chaîne est un habitué des interviews chocs. Bien qu'ancien conseiller de Bill Clinton, jadis directeur de la communication à la Maison-Blanche, Stephanopoulos est capable, comme vous le prônez si souvent, *de penser contre lui-même*, et de mettre en difficulté un interlocuteur qui lui est proche. C'est le cas en ce début juillet 2024, où le journaliste d'ABC News ne fait aucun cadeau au candidat, tout en adoptant un ton à la fois cinglant et neutre. Il avait d'ailleurs déjà piégé Biden, en 2021. Question de Stephanopoulos : « Vous connaissez Vladimir Poutine. Pensez-vous que c'est un tueur ? – Hum », répond Biden, gêné et surpris, avant d'ajouter, hésitant : « Oui » La réponse irritera au plus haut point le Kremlin.

Les journalistes d'outre-Atlantique ne sont pas meilleurs que leurs confrères français. Simplement, ils se mettent en retrait par rapport à leurs interlocuteurs, ils les écoutent, ont conscience que la « vedette » n'est pas le journaliste, mais la personne qui se trouve en face de lui. Alors que les journalistes européens adoptent souvent un ton hautain, voire condescendant, qui nuit à l'efficacité de leur discours, et à la pertinence de leur analyse.

Une si grande indulgence : les Gilets jaunes

Cher Edwy, vous avez, dans votre ouvrage *La Victoire des vaincus* (La Découverte, 2019), loué l'inventivité de ce mouvement qui a fait souffler un vent d'air frais dans le pays. Inédit et incontrôlable. Vous y avez vu un mouvement populaire. Certes, les Gilets jaunes ont été le révélateur d'une France déclassée, et surtout méprisée. Ils n'en peuvent plus, tous ces gens déboussolés, aide-soignante, chauffeur routier, petit patron, ouvrier, garagiste, commerçant, mère célibataire, qui ont pris d'assaut les ronds-points des villages et des bourgs. Ce sont des gueux, comme ceux que l'on rencontre dans les films de Ken Loach. Leurs doléances ? Non à l'augmentation du prix de l'essence. Non à la pression fiscale. Oui à l'égalité sociale. Cela ne vous rappelle-t-il pas ce que réclamait déjà, en 1953, un jeune libraire papetier de Saint-Céré (Lot) qui s'était mobilisé pour éviter un contrôle fiscal dans sa commune ! Ce jeune homme, grande gueule et excellent orateur, c'était Pierre Poujade. Il réussira à mobiliser un million de personnes dans les rues avec comme unique programme « Halte à la pression fiscale ». Aux élections législatives de janvier 1956, il envoie 52 députés à l'Assemblée nationale. Parmi ceux-ci, un inconnu qui se fait vite remarquer, Jean-Marie Le Pen. Ce mouvement, on le devine aisément, ne se situait pas dans le champ de la gauche.

Pourtant, des similitudes existent entre les Gilets jaunes et le mouvement poujadiste. On retrouve des slogans identiques, à part peut-être « La France aux Français », encore que... Un signe qui ne trompe pas : selon l'institut de sondage Kantar, 36 % des Gilets jaunes estiment que Marine Le Pen ferait une bonne présidente. 50 % d'entre eux croient au complot sioniste. Témoin, en marge d'une manifestation des Gilets jaunes, ces voix qui traitent Alain Finkielkraut de sale sioniste.

Jamais aucun militant poujadiste n'a flirté avec la gauche institutionnelle. Tout comme les Gilets jaunes, encore que, à un moment donné, Jean-Luc Mélenchon ait manifesté son soutien à Éric Drouet, l'une des figures du mouvement.

Ses leaders n'ont pas réussi à entraîner le mouvement vers une véritable action politique. Certains se sont ralliés, notamment à Éric Zemmour, mais sans lendemain. Pourtant, la haine et l'exaspération qui pointaient chez les Gilets jaunes à l'égard d'Emmanuel Macron n'ont fait que s'envenimer. Est-ce la raison pour laquelle *Mediapart*, sous votre houlette, cher Edwy, a suivi une ligne ambiguë à l'égard de ce mouvement ? Un mouvement d'une grande violence, n'épargnant pas la police, avec une constante : la remise en cause de la légitimité du pouvoir républicain.

Même en mai 1968, personne n'a vu un étudiant affronter à mains nues un policier, dans un corps-à-corps ahurissant, comme le fera, en 2019, un ex-champion de France de boxe sur le Pont-Neuf. Personne, en 1968, n'a entendu des manifestants appeler à l'élimination physique d'un président de la République. Ou exhorter les policiers à se suicider. C'est pourtant ce qu'ont crié les Gilets jaunes. Allez dire après cela, cher Edwy Plenel, que ce mouvement, regorgeait d'inventivité et d'esprit démocratique !

Dans la foulée, vous avez qualifié la police de « fasciste », faisant vôtres les propos tenus par Patrick Chaimovitch, le maire écologiste de Colombes (Hauts-de-Seine) le jour de la commémoration de la rafle du Vél d'Hiv' le 19 juillet 2020. Ce jour-là, l'édile, petit-fils de déporté, compare la police française et la gendarmerie française à celle de Vichy. Illico, le ministre de l'Intérieur, Gérald Darmanin, porte plainte contre l'élu pour injure publique. (Il sera condamné à 3 000 euros d'amende.) Une semaine plus tard, l'édile, se rendant compte qu'il a été beaucoup trop loin, regrettait ses propos, qui avaient pu, dira-t-il, porter à confusion.

Et de s'empresser de rendre hommage à nos forces de l'ordre... Dans un communiqué, le maire de Colombes écrivait : « Il n'y a pour moi aucune comparaison possible entre police et gendarmerie d'un État démocratique d'une part, et police et gendarmerie de l'État pétainiste d'autre part. » Pas question pour vous de faire marche arrière et de vous aligner sur le rétropédalage de l'édile. Au contraire. « Patrick Chaimovitvh n'a fait qu'énoncer une vérité historique », répliquez-vous. Vous en rajoutez, en comparant le ministre de l'Intérieur Gérald Darmanin au secrétaire général à la Police de Vichy, René Bousquet. Que vous arrive-t-il, cher Plenel ? Voit-on, dans les rues de Paris, des policiers en civil embarquer des familles vers des destinations inconnues ? Voit-on la délation s'installer dans le pays ? Voit-on des cohortes de policiers envahir des écoles pour y recenser le nombre d'enfants juifs ou étrangers ?

Aujourd'hui, où en êtes-vous ?

Depuis l'annonce de la dissolution de l'Assemblée, le 9 juin 2024, le président essaie de convaincre ses électeurs de revenir vers lui. En vain. Les sondages chutent chaque jour davantage. Et depuis cette date, Jordan Bardella pense, mange, dort Matignon. Vous, vous pensez exactement l'inverse. Vous êtes inquiet. *Mediapart*, dans les jours précédant le premier tour des législatives du 30 juin, multiplie les articles pour alerter du danger de voir le Rassemblement national parvenir à Matignon. Des articles à l'objectif limpide : démontrer que malgré son changement de nom, sa dédiabolisation, le Rassemblement national n'a guère changé. Même si les nostalgiques de la Collaboration et de l'Algérie française ne sont plus en première ligne.

Vous pilonnez le RN, convaincu de rejouer le combat des années trente contre le fascisme. Quitte à se focaliser sur les dérives de candidats manifestement incompétents, condamnés par les tribunaux, vite retirés de la scène, au demeurant, par les instances du parti. Nous vivons une drôle d'époque, cher Edwy Plenel. Il y a peu encore, le RN, avant lui le FN, était un parti antisémite. Le voici désormais, ami des juifs, tandis que LFI prend le relais de l'antisémitisme.

À géométrie variable ?

Mais il nous faut désormais entrer dans le cœur du sujet, objet de débats douloureux, la question du racisme et de l'antisémitisme. La France, à mes yeux, est un pays qui ne s'est jamais complètement purgé de son prurit antisémite. Un prurit qui connaît des rechutes périodiques, depuis la nuit des temps. Savez-vous qu'en 1898, à Saint-Domet, petit village de la Creuse, le maire avait fait fabriquer un mannequin avec un nez crochu, censé figurer le capitaine Dreyfus ? Exhibé sur une charrette, baladé dans les rues du village, il est fusillé, puis brûlé au cours de sordides réjouissances collectives. Savez-vous que, à la même époque, éclatent des manifestations antisémites dans des zones rurales où n'habite aucun Juif ? Vous qui appelez au secours les grands auteurs pour démontrer la pertinence de vos thèses, j'aurais voulu que vous fassiez davantage référence à Pierre Birnbaum qui a fort bien analysé le développement de l'antisémitisme dans la France du XIXe siècle, notamment dans son ouvrage de référence, La *France aux Français. Histoire des haines nationalistes*[1].

Un mal endémique, mais qui touche également la gauche, les gauches, et sur lequel on aurait aimé plus de clarté de votre part. À commencer par un regard sur le passé. J'aurais apprécié que vous fassiez allusion à l'antisémitisme certes latent, mais bien réel, qui a frappé la SFIO de jadis et ses militants pacifistes. Pour eux, les Juifs, ce sont le capital, l'argent, la richesse indue. Rappelons-nous : Léon Blum, Jules Moch, André Blumel ministres, et l'antisémitisme explose. En 1938, on rapporte que deux députés socialistes se seraient plaints de voir un peu trop de Juifs dans les ministères. Et l'on pourrait évoquer l'antisémitisme qui a traversé le Parti communiste français, dont Henri Krasucki, pourtant un dirigeant historique, fut la victime. Tout comme le silence du PC lors des différentes purges effectuées par les partis frères pour cause de déviationnisme – en réalité d'antisémitisme – à Moscou, à Prague, à Varsovie, dans années cinquante…

Et aujourd'hui ? Revenons à notre sujet. En principe, la gauche se définit notamment par son rejet de toute forme de discrimination ; et sur ce terrain,

1. Le Seuil, 1993.

la position d'Edwy Plenel, patron de presse, parfois difficile à décrypter, est en tout état de cause volontiers déconcertante. En témoignent vos positions sur le Hamas.

Un mouvement classé organisation terroriste par la communauté internationale, ayant pour objectif la destruction d'Israël et l'éradication de Juifs du territoire. Or, pour *Mediapart*, le Hamas n'est justement pas un mouvement terroriste. Et pour vos amis de La France Insoumise, également.

Avant d'en tirer des conclusions, reprenons le dossier du tropisme antisémite de cette mouvance.

Comment ne pas être abasourdi par les propos du leader de LFI, Jean-Luc Mélenchon, se moquant de Yaël Braun-Pivet, présidente de l'Assemblée nationale, qui « campe » en Israël ? Et je pourrais poursuivre avec cette phrase de David Guiraud, député LFI du Nord, prononcée à Tunis le 10 novembre 2023 : « Le bébé dans le four, ça a été fait, en effet, par Israël, la maman éventrée, ça a été fait, c'est vrai, par Israël. » Un temps d'hésitation, puis il termine : « Je crois que c'était à Sabra et Chatila. » Là, on est sonné. Ignorance ou mauvaise foi ? Le député ne refait pas l'histoire, il la falsifie. En effet, les massacres de Sabra et Chatila, en 1982, ont été commis par les phalanges chrétiennes libanaises lors d'une intervention militaire israélienne au Liban. L'élu français, qui reconnaît s'être abreuvé dans sa jeunesse des vidéos de Dieudonné et Alain

Soral, admettra s'être trompé… Il me semble que traiter de « porc » le député Meyer Habib dans la salle des Quatre Colonnes de l'Assemblée nationale, comme l'a fait David Guiraud, comporte une connotation antisémite. D'ailleurs, après cette altercation, Meyer Habib a indiqué avoir déposé plainte pour injure antisémite.

Un piège, une ambiguïté

Je viens de relire l'article de Joseph Confavreux paru dans *Mediapart* le 20 juin 2024, sous le titre « L'antisémitisme, fléau et piège de campagne ». J'imagine que vous l'avez en tête, cher Edwy. À sa première lecture, j'avais été dérouté. Je viens de le relire. Je le suis davantage. Un article fouillé, incontestablement. Rien à dire sur son étonnement de voir Serge Klarsfeld sur le point de voter pour le Rassemblement national. Rien à ajouter lorsque Confavreux estime que Jean-Luc Mélenchon a commis une faute lorsqu'il estime que « l'antisémitisme reste résiduel en France ». Alors que les actes antisémites ont augmenté de 300 % entre le premier trimestre 2023 et le premier trimestre 2024. Jusqu'ici tout va bien... Et puis, les choses se gâtent, quand votre journaliste évoque les propos de David Guiraud. Confavreux commence habilement par une interrogation : « Était-il pertinent de réinvestir David Guiraud sous la bannière de LFI et du Nouveau

Front populaire dans la huitième circonscription du Nord ? » Sa réponse fuse : « La lutte contre l'antisémitisme dans le champ politique contemporain ne doit pas se réduire à passer au crible les propos de tel ou tel parlementaire pour déterminer la validité de leur passeport républicain, surtout si on ne s'intéresse pour cela qu'aux tropes antisémites sans s'intéresser aux autres signaux racistes. » Et donc ? Puis vient le grand pas en arrière qui permet, sinon d'exonérer Guiraud, tout du moins de situer ses affirmations dans un contexte : « Il est néanmoins légitime d'examiner le CV de chaque candidat et le cas Guiraud est intéressant aussi pour ce qu'il raconte de la dialectique entre accusations et réactions, entre propos impardonnables et signaux problématiques. » Le lecteur a compris. Bon, d'accord, Guiraud a peut-être manqué de prudence, mais *Mediapart* lui pardonne. Pourquoi ? Parce que lui, « il a eu un positionnement public pro-Gaza, sans filtre et justifié à maints égards ». Circulez, il n'y a plus rien à entendre. Ni à écouter. En tout cas, pas la sortie de Mélenchon du 18 avril 2024, qui, à la suite de l'interdiction d'un meeting à l'université de Lille par son président, dresse un parallèle entre celui-ci et Adolf Eichmann. Confavreux n'en dit mot dans son papier.

Ultime remarque, pour éviter toute ambiguïté : si je m'élève contre votre déni de l'antisémitisme, je m'élève tout autant contre le déferlement de haine dont font l'objet certains musulmans de France, notamment via Internet, cette nouvelle « radio Corbeau », qui nous rappelle furieusement l'Occupation. On vous parle du 7 octobre 2023, jour du plus vaste pogrom depuis quatre-vingts ans, vous répliquez Gaza. Gaza et ses milliers d'enfants morts, qui n'ont eu qu'un tort, être nés Palestiniens. Gaza et sa population qu'on tente d'affamer. Gaza et Israël, État qu'un rapport d'Amnesty International en date du 5 décembre 2024 qualifie de génocidaire. Vous l'avez relayé dans un tweet du même jour en le qualifiant de « circonstancié, documenté et argumenté ». Déjà, le 20 septembre 2024, dans une interview accordée à TV5 Monde, vous avez évoqué des crimes de guerre et crimes contre l'humanité qui pourraient être reprochés à Israël vis-à-vis de la population palestinienne de Gaza. Sur ces trois incriminations, cher Edwy, je ne suis pas d'accord avec vous. Les victimes d'hier ne sont pas les bourreaux d'aujourd'hui. Là, on ne sera plus d'accord. Vous n'informez plus. Non, les habitants de Gaza ne servent pas de cobayes pour des expériences scientifiques. Le pouvoir israélien tue-t-il méthodiquement les Gazaouis, comme Hitler les Juifs ? Et y a-t-il une volonté de faire disparaître, jusqu'au dernier, les habitants de cette partie du monde ? Vous connaissez la réponse : non, bien sûr.

Palestine

Décidément, quand vous abordez le conflit israélo-arabe, je ne suis pas d'accord avec vous. Je pense à l'article publié le 21 avril 2024, dans *Mediapart*, sous votre signature. Le titre ? « Contre la solidarité avec la Palestine, un maccarthysme à la française ». Le chapeau de cinq lignes qui résume votre argumentation ? « La solidarité avec la Palestine est devenue un délit. Vouloir exprimer par la parole, l'écrit ou la manifestation, est passible de convocation policière, de condamnation pénale ou d'interdiction préalable. Toutes les démocraties devraient s'en inquiéter. »

Ainsi donc, en France, il serait, selon vous, impossible de manifester sa sympathie pour la cause palestinienne. La preuve, écrivez-vous, à la moindre initiative de soutien au peuple palestinien, les libertés publiques sont immédiatement menacées, bafouées, le préfet prenant un arrêté interdisant tout rassemblement. C'est exact. Sauf que bien souvent la juridiction administrative, gardienne des libertés publiques, annule l'arrêté préfectoral. Et la manifestation se déroule normalement. Vous citez le cas de Rima Hassan, députée européenne de La France insoumise. Ses déclarations plus que tranchées sur Israël ont entraîné l'ouverture d'une enquête préliminaire pour apologie du terrorisme. Bien sûr, vous n'appréciez pas. Mais c'est la loi, dans un État de droit. Qui vous dit que Rima Hassan sera condamnée ? Des musulmans de notre pays ont peur. Certains quittent la France. Mais quand des Juifs aussi partent pour Israël, que des inscriptions antisémites fleurissent sur les murs de Paris et d'autres grandes villes.

Pensez-vous vraiment que notre pays soit gangrené, comme les États-Unis dans les années cinquante, par le maccarthysme, cette chasse aux sorcières meurtrière contre les communistes et les homosexuels ? Par une chasse aux sorcières qui ne viserait que les militants de la cause palestinienne ? En tout cas, la France de 2024 n'a rien à voir avec celle de 1950, secouée par la guerre froide et les velléités d'expansion du communisme international.

Macron : je t'aime, moi non plus

La complaisance virant à l'opportunisme, la dissolution ratée de l'Assemblée nationale, au soir du 9 juin, a achevé de vous écarter définitivement du théoricien du « en même temps ». Quelques jours plus tôt, vous aviez donné, dans *Mediapart*, le signal du lâchage en dénonçant la « présidence toxique » d'Emmanuel Macron.

En substance, votre ex-ami aurait perdu la boule. Vous le comparez à Donald Trump, et même aux foucades de Woodrow Wilson, obsédé par les Noirs avant de divaguer totalement, victime d'un AVC. Ces deux-là auraient-ils des points communs avec l'actuel président français ? Et peut-on expliquer de manière aussi fantaisiste qu'il fasse l'objet d'un tel rejet ? Soyons sérieux. D'abord, il y a des raisons qui ne lui sont pas imputables. La crise de la Covid-19. L'irruption des Gilets jaunes, qu'il n'a pas vue venir, et qu'il a traitée avec légèreté. L'invasion de l'Ukraine par la

Russie, et les tensions qu'elle génère. Ensuite, bien sûr, des prises de position déroutantes, voire incompréhensibles. À son accession à l'Élysée, Emmanuel Macron invite en grande pompe Vladimir Poutine au château de Versailles. Puis, lors de l'invasion de l'Ukraine, il espère jouer les messieurs bons offices. Échec total. Il se retourne alors résolument du côté de Volodymyr Zelensky, lui promet de l'aide. Mais cela met du temps. En juin, il annonce la livraison à Kiev de douze Mirage 2000-5, avec leurs instructeurs. Le doute est semé. « Vous savez comment cela se termine quand on voit des conseillers militaires investir un territoire qui n'est pas le leur ? » interroge Henri Guaino, l'ancien conseiller spécial de Sarkozy. Il pense évidemment à l'intervention des États-Unis au Vietnam au début des années cinquante. Nous connaissons la réponse. Le président n'écoute pas. Vous, cher Edwy, dans un article du 7 juin 2024, vous tentez une explication hasardeuse, via la psychanalyse, de la politique menée par le président de la République. C'est culotté, mais sans fondement rationnel. Tenons-nous-en à la politique. Tout simplement. Le président de la République a cru qu'un coup de théâtre, une décision stupéfiante, la dissolution, lui serait profitable. Il s'est planté. Il a tenté un coup à la de Gaulle, celui de juin 1968, lorsque le Général dissout, avec succès, l'Assemblée nationale : les députés gaullistes reviennent en force. Plus de 300. Ou bien il tente de répéter l'initiative de Chirac en 1997. Et il perd. Emmanuel Macron, solitaire et isolé, n'a pas saisi l'état d'esprit du peuple. Comme il n'avait pas saisi la crise des Gilets jaunes de 2019.

Mais votre lâchage n'en est pas moins opportuniste, et vous piétinez ce que vous avez adoré.

Sous la bannière de Péguy : un nouvel enfumage ?

Principes ou pas, vous ne faites pas mystère de vos choix et de vos partis pris. Vous avez soutenu le Nouveau Front populaire. Libre à vous ! Mais soyez honnête : Mélenchon et ses proches sont tout le contraire de Léon Blum qui, lui, était tolérant, généreux, scrupuleux… Quelle tristesse, quand on pense aux hommes du « vrai » Front populaire, les Jean Zay, Marx Dormoy, Joliot-Curie, Léo Lagrange ! Sans oublier Pierre Mendès France, et tant d'autres. Aujourd'hui, que voit-on ? Quelques boutiquiers de la politique, enragés d'arriver au pouvoir, et élus à l'Assemblée nationale grâce à des désistements ambigus, comme à la pire époque de la IVe République…

Oubliant le Front populaire de 1936, ses valeurs humanistes et ses personnalités d'exception, vous soutenez, après les législatives, pour le poste de Premier ministre, des candidats sans aucune envergure et vite oubliés, à condition qu'ils aient prêté allégeance au Nouveau Front populaire. Sans succès. Apparaît alors une jeune énarque, Lucie Castets, que l'on dirait tout droit sortie d'un film de Bergman. Proche du Nouveau Front populaire, elle est connue de quelques initiés à la mairie de Paris, où elle est directrice des achats. Elle n'a jamais été élue, n'a jamais participé à une campagne électorale, hormis aux régionales, à Toulouse, où elle figurait en 14e position. À *Mediapart,* où vous citez les commentaires louangeux sur sa personne, vous la soutenez sans relâche. Mais le président n'en veut pas. Exit Lucie Castets. Et retour sur un casse-tête qui empoisonne la vie politique depuis ces législatives.

Paradoxalement – mais vous n'êtes pas à un paradoxe près –, une personne trouve désormais grâce à vos yeux : Dominique de Villepin, l'ancien Premier ministre de Jacques Chirac. Pourtant, ni son milieu ni son parcours ne sont caractéristiques de ce que l'on appelle la gauche. Le 19 juin 2024, il surprend : il votera, aux législatives, pour le Nouveau Front populaire. Du coup, sur X, anciennement Twitter, vous lui délivrez ce compliment : « Enfin, une figure sauve le gaullisme de résistance, celui du CNR (Conseil national de la Résistance) : Dominique de Villepin choisit le Nouveau Front populaire, face au péril d'extrême droite. Va-t-il rester le seul ? » Un ralliement d'opportunité. Mais avouez qu'il est cocasse de voir un ancien trotskiste avancer de concert avec un gaulliste, tendance Chirac ! Peut-être les prémices d'une démocratie unanimiste !

La démarche de Villepin ne surprend guère. Elle se situe dans la veine bravache et légèrement inconséquente du personnage. Rappelons toutefois qu'en 2005 Villepin, Premier ministre, était, disons, plutôt *cool* à l'égard du Front National. Il avait invité ce parti à discuter de « l'Europe des projets », au côté des partis dits de gouvernement. La LCR avait décliné l'invitation, François Hollande en avait fait autant, furieux que le Front national puisse se rendre à Matignon. Très remonté, le premier secrétaire du PS avait accusé le gouvernement de « vouloir courtiser le populisme » et de « faire des ronds de jambe au parti de Jean-Marie Le Pen ». Tout cela, vous semblez l'avoir oublié. Pourtant, vos références, ce sont Jaurès, Mendès France, Louise Michel, héroïne de la Commune de Paris. Et surtout Charles Péguy, l'un de vos auteurs préférés, celui qui croit au « socialisme libertaire, l'écrivain qui n'efface pas le peuple, mais le réorganise ; l'écrivain qui exalte la nation. » À la question que vous posait *Le Nouvel Observateur*, pour le centième anniversaire de la mort de Péguy, « est-ce que *Mediapart* prendrait un de ses articles ? », vous aviez répondu, enthousiaste : « Bien sûr ! Vous n'avez qu'à lire ce que nous publions, qui est d'une très grande diversité d'écriture : nous sommes dans une culture du *free speech*. Non seulement, je le prendrais, mais on peut dire que les colères péguystes d'aujourd'hui se trouvent plus dans *Mediapart* que dans les vitupérations de M. Finkielkraut. »

Pourtant je n'ai pas vu dans *Mediapart* de papiers rappelant notamment que le Hamas est une organisation terroriste.

Finalement, bien loin de Péguy, humaniste et tolérant, que souhaitez-vous vraiment pour le pays ? Un souffle conquérant pour notre politique étrangère, façon Villepin ? Aux antipodes, un souffle social façon Sophie Binet, la secrétaire générale de la CGT, que vous avez interviewée de façon bien indulgente au printemps 2024 ? À cette occasion, vous avez évoqué un éventuel *remake* du Conseil national de la Résistance (CNR). Une référence qui pourrait faire l'unanimité. Sauf que les choses ont changé. En 1944, la classe politique veut réconcilier les Français, autour d'un programme économique fondé sur la solidarité. Mais, surtout, le CNR, fondé par le général de Gaulle, sera animé par des personnalités d'envergure, comme Jean Moulin, Georges Bidault ou Louis Saillant, ex-compagnon de Léon Jouhaux, qui ralliera par la suite la CGT unitaire. On en est loin, aujourd'hui. Notre pays craque de tous côtés, et nos élus, allergiques à la recherche du consensus, éprouvent d'énormes difficultés à dépasser les clivages.

IV

DES MÉTHODES AJUSTABLES

Critiquables, vos méthodes peuvent l'être. Il me semble que, parfois, vous prenez volontiers pour un travail d'enquête le simple fait de publier des documents qu'un informateur s'est contenté de vous remettre. Un informateur totalement désintéressé, naturellement. Vous glissez de l'investigation à l'information via des procès-verbaux…

Sur les traces de Christophe Colomb

C'était l'époque où la presse, particulièrement pugnace, aidée par des juges qui se prenaient pour des chevaliers blancs – à titre professionnel, j'en ai profité, il faut le reconnaître –, mettait son nez dans les dérives du Parti socialiste. Nous sommes en 1991. Vous avez à peine 40 ans. Enquêteur reconnu, vous dirigez une collection dans une maison d'édition prestigieuse, Gallimard d'abord, puis Stock. C'est chez cet éditeur, dont François Mitterrand fut un des auteurs, que vous publierez mon premier livre. Au cours de l'été 1991, vous partez sur les traces de Christophe Colomb. À vous l'air du large. Sans doute commencez-vous à étouffer entre ces élus épinglés pour corruption, cette course effrénée à l'information et cette lassitude qui vous gagne ? Votre objectif : « échapper au marais politico-financier hexagonal ». Cap donc sur l'Amérique centrale. Un impératif vous a été fixé : chaque jour, faire parvenir une page de récit. Une gageure. Mais, quand on a sorti deux enquêtes qui ont fait du bruit, l'histoire des Irlandais de Vincennes et les « facéties » de Greenpeace, on est certain que l'objectif sera atteint.

Greenpeace, association de défense de l'écologie, voit, le 10 juillet 1985, son bateau, le *Rainbow Warrior*, coulé, par explosifs, dans le port d'Auckland (Nouvelle-Zélande) alors qu'il s'apprête à rejoindre l'atoll de Muruora. Objectif : y dénoncer les essais nucléaires français. Ce sabotage coûte la vie à un photographe portugais. Pendant trois semaines, cette histoire ne suscite que peu d'intérêt dans la presse française. *Le Monde* n'y consacre que quelques lignes. Les services secrets français sont rapidement montrés du doigt. Charles Hernu, le ministre de la Défense, nie toute implication, avant que la vérité n'éclate, grâce à vous. La DGSE était bien dans le coup… Le 20 septembre 1985, Hernu démissionne. Ce sera l'un des premiers scandales de l'ère Mitterrand et l'un de vos plus beaux scoops.

Pierre Péan et Philippe Cohen racontent dans *La Face cachée du Monde*, livre qui ébranlera le magistère du quotidien fondé par Beuve-Méry, qu'au Costa Rica, avant même de fouler le sol panaméen, vous aviez la certitude de trouver à Panama, les preuves d'un financement occulte du PS ! À 7 000 kilomètres de Paris, le PS vous obsédait… Encore !

Piste douteuse à Panama

Août 1991. Arrivé à Panama-City, ville qui mêle modernité et tradition, vous rencontrez un homme d'affaires panaméen, Virgilio Correa, à la réputation sulfureuse. Il vous remet deux lettres. L'une retient votre attention. Datée du 18 mai 1987, cette missive, signée du conseiller commercial à l'ambassade de France au Panama, Patrick Simon, a pour destinataire Odilio Gonzalès, l'un des responsables du Parti révolutionnaire démocratique, le parti du général Noriega, président dictateur du Panama, soutenu par la CIA. Voici ce qu'écrit Patrick Simon : « Je me permets de m'adresser à vous pour vous rappeler l'accord intervenu entre l'ambassadeur [de France] Robert Cantoni et l'ambassadeur Gaspar Wittgreen, selon lequel seraient reconnus au Parti socialiste français 3 % de la souscription du protocole financier entre le gouvernement panaméen et le gouvernement français. Puisque vous souhaitez que cette somme serve à aider un parti ami du PRD pour subvenir aux dépenses des élections dans notre pays, il faut que le protocole soit ratifié avant le mois de juillet de l'année en cours, ce qui faciliterait le maintien de bonnes relations entre nos deux gouvernements. En ce qui concerne les fonds, je vous ferai savoir très rapidement comment les virer aux comptes indiqués. »

Faux et usage de faux

D'emblée, cette lettre intrigue. En effet, même si le PRD du général Noriega est membre de l'Internationale socialiste, on voit mal le PS français s'acoquiner avec un régime de narcotrafiquants. Autre fait qui incite à la méfiance : l'accord de financement du PS ratifié quasi officiellement, scellé au niveau de notre ambassade. Enfin, ne l'oublions pas : en mai 1987, la France vit sous le régime de cohabitation, avec un ministre des Affaires étrangères appartenant au clan du Premier ministre Jacques Chirac. En deux temps trois mouvements, le Quai d'Orsay aurait vite fait de remonter à cet accord improbable. Il était facile d'effectuer quelques vérifications. Ne serait-ce qu'appeler notre ambassadeur à Panama, Robert Cantoni. Peut-être avez-vous effectué la démarche. Quoi qu'il en soit, pressentant que vous êtes sur les traces d'une affaire Urba à la mode panaméenne, vous publiez votre papier – vingt-quatrième volet de votre enquête –

le 27 août 1991, sous le titre « Scandale à Panama ». Le scoop est repris, sans la moindre distance, par *Le Figaro*, *Le Quotidien de Paris* et TF1. Le PS dément. Au *Monde*, on commence à douter. Votre réputation se fissurerait-elle ? Deux de vos confrères du journal tentent de sauver les meubles. « Si ce n'est pas vrai, c'est vraisemblable », écrivent-ils.

Les choses s'accélèrent. La justice entre en piste, via une plainte pour faux et usage de faux déposée par le PS, sur ordre de Mitterrand. Quelque temps après, surprise, on apprend que le PS a retiré sa plaine. Le chef de l'État est furieux. Il a compris que le parti ne veut pas s'aliéner *Le Monde* avant les élections. Il y a déjà eu l'épopée, ou plutôt le désastre, des Irlandais de Vincennes et de Greenpeace, et maintenant ce financement bidon du Parti socialiste. « C'est un faussaire qui se trouve à la tête du *Monde* », constate, énervé, le garde des Sceaux Henri Nallet. L'expression est sans doute excessive. Le ministre se sera laissé emporter par la colère.

Repentance tardive

Dans un passé lointain, à l'époque de Beuve-Méry, *Le Monde,* en cas de faute, d'information erronée, savait faire œuvre de contrition, surtout lorsque le papier était monté en une. Pierre Péan et Philippe Cohen le rappellent : « [Le journal] mettait un point d'honneur à s'excuser au plus tôt, au même emplacement, auprès de ses lecteurs. La publication de ce type d'autocritique était d'ailleurs vécue comme un véritable drame par l'auteur de la bévue, qui remettait souvent sa démission au patron. C'était l'honneur du journal, sa raison d'être, qui étaient en cause. » Chez vous, pas de démission en vue. Pourtant, la bourde était de belle dimension. Vous vous êtes fait avoir comme un bleu. Subitement, en vingt-quatre heures, vous chutez. Lourdement. Que faites-vous ? Vous n'en assumerez jamais les conséquences et ce sera le malheureux Bruno Frappat, le directeur de la rédaction, qui devra battre sa coulpe au nom du journal.

6 septembre 1991. Le prestige du *Monde* est atteint. Il faut réagir, Bruno Frappat écrit aux lecteurs : « Au stade actuel de l'enquête, [...] la lettre [...] était un faux. [...] Sous réserve de développements nouveaux, et, à ce stade, imprévisibles, *Le Monde* ne peut que se borner à constater que ses informations sur ce "scandale" ne sont pas vérifiées. Il est donc normal que nous exprimions à nos lecteurs et aux divers intéressés notre regret de les avoir publiées. »

Vent de panique

Vous êtes aux abois. Vous tentez de vous justifier par tous les moyens, et sur tous les canaux, même ceux que vous combattiez quelques jours plus tôt. Notamment via une interview à Radio Courtoisie, radio libre fondée en 1987 et classée très à droite. Parmi les invités, sur le thème « Le journaliste et l'historien », Jean de Beer, ancien administrateur adjoint de la Comédie-Française, un prêtre, André Wartelle. Et donc, vous. L'interviewer a pour nom Jean Ferré. Il est à cent lieues de votre parcours : pro-Algérie française, sympathisant de l'OAS, participant au putsch des généraux d'avril 1961, avant de s'exiler en Espagne, où il côtoie la sœur du général Franco. Puis, c'est l'amnistie, le retour en France et le journalisme au *Figaro Magazine*.

Votre intervention à Radio Courtoisie surprend. Et si c'était à refaire ? Je ne suis pas sûr que vous répondriez positivement à de telles demandes. Surtout quand on connaît votre sentiment sur CNews, qui me semble – mais peut-être suis-je dans l'erreur – moins marquée que Radio Courtoisie. Je ne vous fais aucun reproche : invité par cette radio, il y a une dizaine d'années, pour y présenter deux de mes livres, j'ai trouvé une ambiance sympathique, des interlocuteurs très corrects. Je n'ai pas ressenti être tombé dans le piège de la fachosphère présumée ou réelle. Naïveté ? Vous avez été, avant moi, dans ce cas.

Libye, les grandes manœuvres

Quand vous publiez, dans *Mediapart*, le 28 avril 2012, entre les deux tours de la présidentielle, le document signé du chef des services secrets libyens qui accrédite la thèse du financement, en 2007, de la campagne présidentielle de Sarkozy par la Libye du colonel Kadhafi, vous n'aviez pas d'états d'âme ? La personne qui vous l'a transmis, alors que les jeux sont loin d'être faits entre Nicolas Sarkozy et François Hollande, a peut-être ses raisons ? Ce n'est pas, à coup sûr, un fervent supporter de Sarkozy ! Nous le savons tous : jamais un procès-verbal, un rapport confidentiel, une audition secrète, lorsqu'ils atterrissent dans les pages d'un journal, ne proviennent d'une main innocente. On peut s'interroger, par exemple, sur celle qui transmet à *L'Express*, en 1987, un rapport confidentiel-défense sur un possible trafic d'armes (de 1982 à 1986) vers l'Iran, alors sous embargo, trafic couvert par le parti au pouvoir, le PS ? Évidemment non ! Nous sommes en période de cohabitation. Jacques Chirac est à Matignon, François Mitterrand à l'Élysée. Il est bon de déstabiliser l'adversaire. Alors, on balance.

Cette affaire de financement présumé par la Libye de la campagne présidentielle de 2007 de Nicolas Sarkozy, que *Mediapart* suit avec une attention soutenue, vous le savez, était en train d'être jugée, au moment où nous écrivons ces lignes, par le tribunal judiciaire de Paris. Sans préjuger de son issue, le conflit qui vous oppose à l'ancien maire de Neuilly-sur-Seine, depuis près de vingt ans, restera comme le plus féroce de l'histoire de la Ve République. Question : avec le recul, avez-vous conscience que les journalistes peuvent faire perdre une élection à un candidat à la présidence de la République ? Sarkozy en fera les frais en 2012, lorsque *Mediapart* révèle (voir plus haut) entre les deux tours de la présidentielle que la Libye du colonel Kadhafi aurait participé au financement de la campagne de l'ancien maire de Neuilly-sur-Seine. À hauteur de cinquante millions d'euros. Précisons, toutefois, que jusqu'à ce jour, la police n'a pas établi la fausseté du document et qu'une ordonnance de non-lieu a été rendue suite à la plainte pour faux de Nicolas Sarkozy.

Une info innocente ?

De même, était-elle innocente, la main qui communique, en septembre 1995, toujours à *L'Express*, les grandes lignes d'un rapport confidentiel du Service central de prévention de la corruption, égratignant Alain Juppé pour avoir loué à son fils, à des conditions avantageuses, alors qu'il était adjoint au maire de la capitale, un appartement de la Ville de Paris ? Était-elle innocente, cette main qui offre, sur un plateau, en juin 2010, à *Mediapart* – ainsi qu'au *Point*, notons-le – la retranscription d'écoutes sauvages (mai 2009-mai 2010) du majordome de Liliane Bettencourt ? Évidemment non. Le fin stratège qu'était Olivier Metzner, avocat de Françoise Bettencourt-Meyers, fille de Liliane, savait ce qu'il faisait. En vous transmettant, ces écoutes – refusées d'abord par *Le Monde*, et *Le Nouvel Observateur* –, il anticipait les dégâts qui en résulteraient. Un monde balzacien tournant autour de la milliardaire, où l'on découvrait les liens incestueux, certes pas nouveaux, existant entre l'argent et la politique, sans oublier quelques profiteurs, tout cela ne pouvait que susciter intérêt et passion. Nicolas Sarkozy, Éric Woerth, mais aussi le photographe François-Marie Banier, un véritable illusionniste, avaient leurs entrées dans l'hôtel particulier de Neuilly. Metzner avait vu juste. Et vous lui emboîtez le pas. Allègrement. D'autant que, sur la route des journalistes de *Mediapart*, se trouve un homme politique de premier plan, une proie, que vous maintiendrez dans votre étau : Nicolas Sarkozy, avocat de profession, qui n'aura pas de mots assez durs pour critiquer *Mediapart*. Sarkozy et Woerth seront blanchis. *Mediapart*, poursuivi pour atteinte à la vie privée (les enregistrements étaient illégaux), sera également blanchi.

D'autres avocats ne vous portent pas dans leur cœur. Ainsi, Éric Dupond-Moretti, avant d'être garde des Sceaux, se rappelant votre proximité avec Deleplace et votre fascination pour les couloirs de la Place Beauvau, vous traite de « collabo des flics ». Devenu ministre, il tempère : vous n'êtes plus qu'un « moralisateur ». Mais vous lui agrippez les mollets. « Dupond-Moretti, le garde des Sceaux, a passé ses vacances avec l'avocat de Sarkozy, Me Thierry Herzog. Il y a donc conflit d'intérêts », lit-on dans *Mediapart*. Et vous, lorsque vous interviewez, sur votre chaîne, « À l'air libre », le 17 mai 2024, la secrétaire générale de la CGT, Sophie Binet, êtes vous vraiment indépendant, puisque votre déclaration d'intérêt – obligatoire pour les journalistes de *Mediapart* – mentionne votre adhésion au SNJ-CGT ? Ne franchissez-vous pas la ligne jaune pour les mêmes raisons lorsque, directeur de la rédaction du *Monde*, vous conduisez un entretien avec Philippe Sollers et Bernard-Henri Lévy, tous deux éditorialistes associés au… *Monde* ? Allons plus loin : lorsque vous participez à l'écriture de textes, à la rédaction de tracts pour un syndicat de police, tout en étant chargé de la rubrique « Police » du *Monde*, n'y voyez-vous pas une confusion des genres peu orthodoxe ?

Emploi fictif de Pénélope

Le 25 janvier 2017, le papier du *Canard enchaîné* révélant l'emploi fictif de Pénélope Fillon annonce la défaite de l'ancien Premier ministre à la présidentielle de mai suivante. Imaginez que le candidat de votre cœur se retrouve au deuxième tour d'une élection présidentielle, plombé par un dossier compromettant, connu de vous seul, le publieriez-vous dans *Mediapart*, au nom de l'intérêt public ou de la transparence exigée d'un État démocratique ? Seriez-vous partisan d'instaurer une trêve judiciaire lors d'une élection aussi importante que la présidentielle ?

Vous ne l'ignorez pas. Votre force de frappe via *Mediapart* est capable de broyer n'importe quel élu, ministre, Premier ministre, grand patron, sportif, acteur, réalisateur. Vous êtes sur le fil du rasoir. Quand vous étiez au *Monde*, nous le verrons, vous avez effectué quelques autres sorties de route : le faux scoop de Panama, la bévue du dossier Alègre et les mensonges des prostituées dans l'affaire Baudis. Il y eut aussi les scoops contestés d'Hervé Gattegno, que vous aviez engagé au *Monde*. Nous y reviendrons.

Information ou délation ?

À *Mediapart*, vous ne recevrez pas que des roses. Les critiques ne vous épargnent pas. Le chroniqueur Éric Naulleau vous traite de « délateur en chef ». Votre ton, vos enquêtes, jugées trop à charge, trop Fouquier-Tinville, sont souvent sur la sellette. En effet, le risque existe que vous vous transformiez en réceptacle, boîte à lettres de dénonciation, pour des individus en mal de vengeance accourant pour balancer une personne qui aurait fait un sale coup. Certes, vous vérifiez ce que vous récoltez. Mais, de temps à autre, vous êtes d'une légèreté étonnante. Je sais aussi comme vous que la vie politique charrie des torrents de boue qui anéantissent un individu, détruisent ses proches. Exemplaire est l'enquête de *Mediapart* menée sur l'histoire sordide de la sextape, qui s'est déroulée à Saint-Étienne, où un adjoint au maire, victime de chantage, a vécu dans l'angoisse des années durant à l'idée que l'on découvre les secrets de sa vie. Rien à dire sur l'investigation conduite par votre jeune journaliste, Antton Rouget, véritable stakhanoviste du scoop. Loin de moi de jouer le père la morale. Mais était-il nécessaire d'aller aussi loin dans les détails ?

V

UNE IMPARTIALITÉ BIEN ENGAGÉE

À peine entré au *Monde,* vous le jeunot, on vous envoie sur une manifestation. Sur place, carnet et crayon en mains, vous allez voir des CRS qui envoient des tirs tendus de lacrymos sur les manifestants. Vous les approchez. « Savez-vous que les tirs tendus sont interdits ? » Vos confrères n'en croient pas leurs yeux… et leurs oreilles ! Tant de sans-gêne ! Avec la police ! Qu'il se tienne à carreau, ce blanc-bec ! Mais l'incorruptible a frappé. Ce qui ne vous empêchera pas d'entretenir, plus tard, les meilleures relations avec quelques policiers.

La police ? De bons camarades

Je pense à Bernard Deleplace. Vous avez vite compris l'importance de ce personnage, patron de la puissante Fédération autonome des syndicats de police (FASP). Il pourra vous être utile, pressentez-vous, pour vous introduire dans un milieu qu'il connaît mieux que personne. À peine avez-vous pris en charge la rubrique « Police », au *Monde*, que vous publiez une interview du syndicaliste. Au fil des ans, vos relations deviennent quasi-amicales. À telle enseigne que certains de vos confrères, pas toujours bienveillants, estiment que vous seriez devenu une sorte de Père Joseph de Bernard Deleplace. Ne dit-on que vous auriez rédigé le communiqué de la FASP, en décembre 1986, sur la mort de Malik Oussekine, des suites portées par les trop fameux motocyclistes de la préfecture de police ? C'est en tout cas ce qu'écrivent Pierre Péan et Philippe Cohen, dans leur livre *La Face cachée du Monde*.

Vous n'avez pas oublié, j'imagine, la sortie de Robert Pandraud, ministre délégué à la Sécurité, adjoint de Charles Pasqua, en commentaire de ce drame : « Quand on est sous dialyse, on ne se rend pas dans une manifestation. »

Cette police façon Pasqua-Pandraud, vous ne l'aimez guère. Vous souhaiteriez que le gouvernement prochain s'occupe de cette question. Et qu'il la réforme. Vous soufflez à Deleplace l'affichage dans tous les commissariats de France de la Déclaration des droits de l'homme et du citoyen. Vous participez à la mise sur pied d'un code de déontologie policière. À la rédaction du *Monde*, vos confrères s'interrogent… Et si votre proximité avec Bernard Deleplace écornait votre indépendance, à laquelle vous êtes si attaché ?

De bonnes vieilles habitudes

Très vite, au *Monde*, vos confrères s'interrogent : êtes-vous toujours journaliste ? Vous publiez son livre *Une vie de flic* chez Gallimard, dans la collection « Au vif » que vous dirigez. Début 1987, Josyane Savigneau, la responsable du *Monde des livres*, consacre une critique dithyrambique à cet ouvrage : « De cette enfance qui le fonde, Bernard Deleplace a gardé le goût du travail, de la fidélité. Dans la police, il a retrouvé le sens de la tradition, de l'héritage à perpétuer et à préserver. La force de conviction de l'orateur qu'il aime être, il a su la conserver dans ce récit d'un petit garçon frondeur et curieux, devenu un homme chaleureux et généreux, une histoire tantôt émouvante, tantôt truculente, un plaidoyer pour réconcilier les Français et leurs policiers. » On a presque envie de rire. Face à une telle flagornerie, on ne reconnaît plus le « journal de référence », à la réputation d'exigence. Plus de trente ans ont passé depuis cette mémorable critique qui a fait pleurer dans les chaumières les 130 000 policiers de ce pays. Qu'en pense aujourd'hui Josyane Savigneau ? Et vous ?

Les liens qui vous unissent à Deleplace sont forts. Très forts. Lorsque la justice le soupçonne d'avoir bénéficié d'un emploi fictif dans le dossier Falcone – sombre histoire d'un trafic d'armes en direction de l'Angola –, vous ne le lâchez pas. Idem quand on l'accuse d'avoir occupé un emploi de complaisance à la SOFREMI, organisme dépendant du ministère de l'Intérieur, chargé de vendre à l'étranger du matériel pour la police. Quant à vous, à l'automne 2005, vous vous déplacez au tribunal pour déclarer : « J'ai une grande fierté d'être l'ami de cet homme. Je le crois incapable de commettre une infraction pénale. »

Fascination

Avec la police, vous êtes, me semble-t-il, dans le registre fascination-répulsion. À en juger par la complicité qui vous unit à Deleplace, on pourrait penser que la police de la République est votre modèle. Celle incarnée en mai 1968 par le préfet de police Maurice Grimaud, qui évitera un bain de sang lors des manifestations étudiantes à Paris. Pourtant, on se trompe. Votre modèle serait-il plutôt Joseph Fouché, l'inamovible et diabolique ministre des basses œuvres, survivant à tous les régimes, de la Révolution à l'Empire ? C'est ce que j'ai cru comprendre en lisant votre texte paru le 21 juin 2022 dans le blog de *Mediapart*, qui reprend la préface que vous aviez donnée aux *Mémoires* de Fouché reparus chez Arléa en 1993.

On est ébahi ! Le lecteur a droit à un panégyrique du chef de la police sous Napoléon. Un personnage aux mille facettes, synonyme de trahison, de mensonge, d'amoralité, de grand ordonnateur des opérations de basse police ? Cet homme aura toutes les convictions possibles : Girondin, Montagnard, hébertiste forcené, homme-clé du complot de Thermidor, conseiller de Gracchus Babeuf, pourtant premier théoricien du communisme, puis rallié à Bonaparte, qui en fera son ministre. Bonaparte qui disait de lui : « Un jour, il fouille dans mon lit, et un autre, dans mon portefeuille. »

On devrait se méfier d'un tel bonhomme. Vous, pas du tout ! Étonnant de la part de quelqu'un qui a lui-même été victime d'opérations de basse police, les fameuses écoutes organisées par le gendarme de l'Élysée, Christian Prouteau. Ce monde vous a toujours fasciné. Comme vous ont toujours fasciné les secrets de la République, et ceux qui les détiennent. Vous prétendez les combattre, au nom du droit de savoir, de la transparence. Soit. Mais attention ! La recherche de la transparence, et de son corollaire la pureté, ne doit pas être l'alpha et l'oméga d'une société. Appliquée à la lettre, elle nous emmène vers les rives du totalitarisme. Et avec elle, vers des procès abominables. Souvenez-vous du procès des dirigeants du PC tchécoslovaque dans les années cinquante, avec l'exécution de Rudolf Slansky, l'emprisonnement d'Arthur London, vice-ministre des Affaires étrangères. Pour cause de déviationnisme trotskiste. Cela vous rappelle quelque chose, je pense ?

Mitterrand, l'homme à abattre

Quoi qu'il en soit, depuis des lustres, vous avez François Mitterrand dans votre ligne de mire ; vous ne l'avez pas lâché, durant de longues années, et ce dès l'époque de l'affaire « panaméenne » évoquée plus haut. Plus tard, vous vous lancerez dans une attaque qui le cible, avec un nouveau livre, *La Part d'ombre* (Folio-Actuel, 1992). Lequel n'est qu'un réquisitoire contre le mitterrandisme. Dans un audacieux parallèle avec les quatorze ans de mensonges et de secrets de sa présidence, vous vous livrez à un plaidoyer en faveur du journalisme d'investigation, et à une apologie de votre travail. Vous vous justifiez ainsi, en toute modestie : « Si j'ai écrit ce livre, c'est pour rappeler à Balzac et à ses épigones mitterrandiens que, hélas, l'improbable, sinon l'invraisemblable, est parfois vrai. » Trêve d'ironie, le journalisme d'investigation ne serait-il donc qu'un journalisme impressionniste où la vérité apparaîtrait comme un objectif secondaire ? Tout cela me fait penser à ces photos où, au bon temps du stalinisme, en URSS, en Tchécoslovaquie, en République démocratique allemande, les apparatchiks, survivants de purges, gommaient les visages de ceux qu'ils avaient envoyés au purgatoire… Ou en Sibérie. Faute à moitié pardonnée, selon le dicton populaire. Pas pour vous. Vous auriez pu dire que vous n'êtes pas le premier à être tombé dans le piège de la facilité. Que d'autres avant vous se sont compromis dans des errements autrement coupables. Soit. Sauf que, douze ans plus tard, vous récidivez. J'en parle maintenant, de peur d'oublier, ayant encore tant de choses à vous dire.

Pour la bonne cause

Nous sommes en 2013. Vous vous trouvez à Amman (Jordanie), où vous participez à un colloque sur le journalisme d'investigation. Vous vous apprêtez à prendre l'antenne dans « Les Matins de France Culture ». Avec assurance, votre chronique fait référence à un mémo écrit par Nelson Mandela, qui critique vertement Israël et sa politique d'apartheid. Ce texte a été adressé, précisez-vous, à un journaliste du *New York Times*, Thomas Friedman. La poisse ! Mandela n'a rien écrit du tout. En réalité, le mémo en question a été écrit par un militant palestinien, Arjan el-Fassed, qui répondait, sur un mode humoristique, à une chronique de Friedman. Il l'avait envoyé, le 27 mars 2001, au responsable de la page « Débats » du *New York Times* qui n'avait pas jugé utile de le publier. Trois jours plus tard, El-Fassed tentait sa chance auprès du site Media Monitors. Prudente, la direction du journal israélien *Haaretz* avait mené une enquête, dès 2002, sur ce fameux mémo attribué à Nelson Mandela. Aucun doute : il s'agissait d'un faux. En comparant les prises de position de diverses personnalités sud-africaines, vous auriez vu que Mandela émettait une opinion mesurée sur Israël, à l'inverse du charismatique archevêque sud-africain, Prix Nobel de la paix, en 1964 Mgr Desmond Tutu. Dans une tribune au quotidien *Haaretz*, titrée « Ma requête au peuple israélien, libérez-vous en vous libérant de la Palestine », il écrivait : « Traversez le cours de la violence et de la haine en vous joignant au mouvement non violent pour la justice. » Et Mgr Tutu d'en appeler « au boycott d'Israël et à son isolement temporaire ».

Soyons juste, donnez-lui le nom de raté, de loupé, quel journaliste n'a pas commis de boulette ? Celle d'Amman illustre votre difficulté, c'est l'un des travers des journalistes – je n'y ai pas échappé –, à prendre de la distance, à douter de telle ou telle information, dès lors qu'un engagement est en jeu.

Mitterrand, toujours

Après ce détour – mais l'avantage d'une lettre n'est-il pas que son auteur puisse se permettre quelques digressions –, revenons aux années 1990-1993. Les affaires rythment toujours l'actualité. Nous sommes au mitan du deuxième septennat de Tonton. Les élus, de toutes tendances, ont régulièrement rendez-vous avec les juges d'instruction. Quant à vous, vous n'êtes pas près d'abandonner votre métier de dénicheur de scoops. Malgré votre faux pas de Panama. Le climat se tend. Une tempête pointe le bout de son nez. Avec une mise en cause des journalistes. Votre tour ? C'est pour bientôt.

À l'époque, vous suivez, pour *Le Monde*, toutes ces histoires de fausses factures et autres détournements de fonds qui s'abattent sur le Parti socialiste. Le peuple de France, qui a cru au Grand Soir, déchante et tombe de haut. Envolée l'exigence de morale qui a porté au pouvoir, pour la première fois sous la Vᵉ République, un président socialiste. Passée aux oubliettes, la grande fête de la Bastille, le 10 mai 1981. Dans deux ans, en 1993, ce sera au tour de la droite de gagner les législatives, en attendant 1995, qui verra un président de droite – le RPR l'espère – succéder à Mitterrand.

Vendredi 13 septembre 1991. Jour de deuil au PS. Qui préfigure, avec deux ans d'avance, un autre drame qui va toucher le cœur même de l'État : le suicide de Pierre Bérégovoy. Avec une question, à laquelle la réponse fait peur : les journalistes peuvent-ils être tenus responsables ? Existerait-il une frontière entre ce qu'il est possible d'écrire et ce qu'il ne l'est pas ?

Il est 12 h 45, en cette fin d'été, dans la petite ville de Préfailles en Loire-Atlantique. Le corps d'un homme est retrouvé mort, brûlé, à l'arrière d'une R21. C'est Yves Laurent, 39 ans, le jeune maire socialiste de Saint-Sébastien-sur-Loire, une commune située à 67 kilomètres de Préfailles. Proche de Pierre Mauroy, il est un des espoirs du parti. Il s'est suicidé à l'aide d'une bouteille de gaz qu'il a fait exploser dans sa voiture. Sitôt la nouvelle connue, c'est le choc et l'incompréhension. Le suicide a toujours une part de mystère. Dans la cuisine de sa maison, le maire a laissé une lettre d'adieu à la conclusion lapidaire : « Le monde est pourri. » À quoi fait-il allusion ? La veille de sa mort, le 12 septembre, *L'Événement du jeudi* a consacré un long article à un intermédiaire, René

Trager, qui accuse l'édile de Saint-Sébastien-sur-Loire d'avoir perçu une commission de 600 000 francs à l'occasion d'une implantation d'hypermarchés. C'est le temps béni des hypers qui crachent au bassinet, à la grande satisfaction des partis. Accusation fausse, réplique Yves Laurent à la lecture de l'hebdomadaire. « Je le prouverai », promettait-il.

L'atmosphère devient pesante. La sincérité de l'édile paraît totale. Pierre Mauroy, premier secrétaire du PS, entre en piste et donne libre cours à son indignation… Il s'en prend à la presse et à la justice. « Ce drame, dit-il, place chacun devant sa conscience et sa responsabilité. Il n'est pas acceptable que, dans un pays comme le nôtre, certains puissent se laisser aller à jeter des noms en pâture dans des conditions qui ne sont pas celles de la justice et de l'information d'une démocratie digne de ce nom. » Une phrase qui nous ramène plus de cinquante ans en arrière, avec le suicide, le 17 novembre 1936, de Roger Salengro, maire SFIO de Lille, ministre de l'Intérieur de Léon Blum. Victime de calomnies de la part de l'extrême droite, notamment du journal *Gringoire*, qui l'accusait d'avoir déserté lors de la Grande Guerre. Ce qui était faux. Salengro ne le supportera pas. Cinq jours plus tard, lors des funérailles de Salengro, Léon Blum, le chef du gouvernement du Front populaire, lance : « Il n'y a pas d'antidote contre le poison de la calomnie. »

La traque

1991-1993. Deux années de plomb dans les relations entre journalistes et pouvoir, les premiers n'ayant de cesse de vouloir dénicher les fautes du second. Au nom de la transparence. Cette transparence qui peut être dévoyée et nous expédier vers les rives d'un État totalitaire. Présomption d'innocence au placard. Jugé avant d'être condamné. Époque d'intransigeance, qui conduit à des tragédies. Le journaliste est roi. Emporté par le tourbillon de la concurrence entre confrères, complice ou porte-parole des juges, il oublie, néglige de se poser une question capitale : comment concilier la liberté de l'information et la présomption d'innocence ? Dans le cas présent, Yves Laurent n'était pas mis en examen. Le seul fait de répertorier les reproches susceptibles, le cas échéant, de lui être imputés sonnait sa culpabilité. Il ne l'a pas supporté. On apprendra par la suite qu'il avait été imprudent dans ses relations avec les grandes surfaces et que sa mise en examen devenait inévitable. Mais pourquoi l'anticiper, au nom de l'idée que vous vous faites de la vertu ? Vous-même, vous serez confronté quelques mois plus tard à un drame qui présente bien des similitudes avec celui de Saint-Sébastien-sur-Loire. À la différence près que les personnalités citées et mises en cause se situaient au sommet de l'État : il s'agit de l'affaire Pechiney. Avec son délit d'initié et sa kyrielle de personnalités mises en cause : les Pelat, Boublil, Théret, Traboulsi. Sans oublier Pierre Bérégovoy. Au-dessus de la mêlée, le président Mitterrand, souvent évoqué dans les affaires politico-financières, avec lequel vous vous êtes durement frotté.

Petit rappel. Nous sommes dans les quinze derniers jours de décembre 1988. *L'Express* révèle l'imminence d'un scandale financier qui pourrait atteindre l'entourage proche du président de la République, et le président lui-même. Un coup de bourse qui aurait permis à quelques malins, bien informés, de s'enrichir frauduleusement. Le 16 décembre 1988, *L'Express* laisse entendre « qu'un gros poisson nageant dans les eaux gouvernementales aurait acheté avant tout le monde des actions Triangle ». Cette société américaine d'emballage est passée quelques jours plus tôt sous le contrôle de Pechiney, présidé par Jean Gandois. Ce dernier a été informé de ce vilain tour joué par quelques indélicats. En cette veille de Noël, la direction centrale des Renseignements généraux, à l'affût de tout ce qui touche de près le pouvoir, s'active. Elle rédige une note dans laquelle elle recense les indélicats qui se sont servis en titres Triangle avant la signature officielle de son rachat par Pechiney. Parmi ceux-ci, la société Breteuil-Investissements, dirigée par Max Théret, l'ancien patron de la FNAC, qui a oublié depuis longtemps avoir navigué, comme vous, dans les eaux du trotskisme... Qui d'autre ? La banque Drexel-Burnham-Lambert, un certain Joseph Jossua, remisier de profession, et un trader à la société de bourse Ferri, Pierre-Alain Marsan, qui aurait raflé 5 000 actions Triangle. Et le « gros poisson » auquel fait allusion *L'Express* ? Pas de nouvelles. Elles arrivent vite, cependant. Le 6 janvier 1989, l'hebdomadaire, sous ma signature, donne son nom : il s'agit de Roger-Patrice Pelat. Ce nom m'a été soufflé par un camarade de *L'Express.* Je dois le vérifier. À 8 heures du matin, le 4 ou le 5 janvier, j'appelle le directeur juridique de la COB (Commission des opérations de bourse), Jean-Pierre Michau, un ancien juge d'instruction spécialisé dans les affaires financières. Un taiseux. Mais j'avais l'intuition que, à l'aube, il décrocherait personnellement sa ligne, sa secrétaire n'étant pas encore arrivée à son bureau... Après, à moi de jouer. Ce matin-là, je tombe sur lui. La chance... Ou le flair ? « Monsieur le juge, bonjour, vous devinez la raison pour laquelle je vous appelle ? » Silence... « C'est au sujet de M. Pelat. Vous l'avez bien entendu la semaine dernière ? Je crois même que l'audition s'est déroulée dans un grand hôtel parisien. » Pas la peine de préciser le motif. Michau n'est pas né de la dernière pluie… Au milieu de ses silences, il lâche un murmure dans lequel je crois entendre : « Qui ne dit mot consent » ou quelque chose équivalent. Cela me suffit. Le scoop. À la rédaction de *L'Express*, un ou deux camarades savent qui est Pelat. Ils n'ignorent pas qu'en révélant publiquement ce nom on touche le président François Mitterrand. Pelat et Mitterrand, compagnons d'infortune pendant la guerre, entretiennent depuis un demi-siècle des relations d'une inoxydable amitié. Comme celles qui unissent l'ancien premier secrétaire du PS à Georges Dayan, conseiller d'État, qui, mort trop tôt, n'eut pas la chance d'assister à la victoire de son ami François. Roger-Patrice Pelat est le seul à entrer, quasiment à l'improviste, dans le bureau du chef de l'État.

Acharnement

Le 6 janvier 1989, *L'Express*, sous ma signature, sort le nom de l'ami du président. À l'Élysée, c'est le tsunami. Vous jubilez : enfin arrive l'affrontement avec votre meilleur ennemi. Enfin vous pourrez fouiller, disséquer, analyser tout ce qui se trouve dans le cercle présidentiel. Votre intuition – et vous n'êtes pas le seul à l'avoir : cette affaire n'est pas qu'une simple affaire de délit d'initié.

Désormais, vous ne lâchez pas Pelat d'une semelle. Il refuse tout contact avec les journalistes. Avec votre compère Georges Marion, vous explorez toutes les pistes, interrogez les proches de Mitterrand, des magistrats et vos sources dans la police, notamment à la Direction centrale des renseignements généraux. Vous vous mettez même à quatre pour accomplir votre mission. Avec Marion et vous, Érik Izraelewicz, du service économique, lui aussi futur directeur du *Monde*, mort prématurément en 2012, et Jean-François Lacan, chef du service communication. Ce quatuor sera la task force, les truffiers de l'affaire Pechiney. Des petits malins passant avant tout le monde pour placer leurs articles. Au grand dam d'une partie de la rédaction. Jusqu'au jour où… Patience, nous allons y venir. Vous êtes tellement accro que votre copain Marion m'appelle à 6 heures du matin, et tente une ouverture. « Alors, tu en es où avec Pelat ? Du nouveau ? » Il est bien gentil, Marion. En voilà une manière, de réveiller les gens, fussent-ils des confrères, dès potron-minet ? Il croit me surprendre au saut du lit, espérant que, à moitié endormi, je vais lui révéler quelque chose ! Et la concurrence, qu'en fais-tu, cher Georges ?

Un autre confrère, d'Europe 1, lui, m'avait fait le même coup. C'était dans l'affaire Luchaire, mais tard le soir. En janvier 1987, j'avais en effet révélé le rapport confidentiel-défense sur une histoire de trafic d'armes vers l'Iran. À 23 heures donc, la veille de la parution de *L'Express*, les rédactions sont informées du scoop du magazine, et ce confrère m'appelle pour me poser des questions… dont il connaît les réponses. Plus prosaïquement, il utilise un procédé vieux comme le monde : prêcher le faux pour avoir le vrai ! Au fond, ce sont des bons souvenirs. Qui montrent que le métier de journaliste peut être récréatif. « Un journaliste digne de ce nom l'est 24 heures sur 24, même le dimanche », me répétait l'un des patrons de presse les plus influents des années 1960-1970, Georges Bérard-

Quélin, surnommé BQ. Personnage pittoresque, capable d'engueuler n'importe quel homme politique, il dirigeait la Société générale de presse, avenue de l'Opéra, une officine où sont passés bon nombre de journalistes, Pierre Viansson-Ponté, Jean Daniel, Jean Ferniot, Pierre Avril… Nombre d'hommes politiques y avaient leurs entrées, et François Mitterrand lui-même, aux belles heures de la Fédération de la gauche démocratique et socialiste (FGDS), pouvait poireauter une heure, voire plus, sur la fameuse banquette vert olive située juste devant le bureau de BQ, avant d'être reçu par ce dernier.

Revenons à Pelat. Très exactement au 21 janvier 1989. Une date qui atteste de votre sens de la mise en scène de l'information. L'art de choisir les mots pour appâter le lecteur. Oui, appâter. Quitte à publier des informations partiellement exactes. Ou partiellement fausses. Au choix !

À l'attaque

Donc, en ce début de l'année 1989, l'investigateur Plenel et son copain Marion, grisés par les prémices d'un scandale qui va éclabousser le pouvoir mitterrandien et porter un coup à la morale du PS, frappent fort. À la une du *Monde* sur trois colonnes, votre article est titré : « Le rachat d'American Cann (Triangle) par Pechiney : un rapport sur les délits d'initiés a été remis à M. Mitterrand. M. Pelat aurait acquis 50 000 actions. » Vous précisez que « cette information a été transmise le vendredi 20 janvier dans un rapport confidentiel à François Mitterrand ». Bien joué. Le scoop vient du prestigieux quotidien, c'est donc vrai. Forcément. Fortiches, les deux associés. L'emploi des mots *confidentiel*, *rapport*, accolés au nom Mitterrand, fait monter la mayonnaise. Suscite l'appétit du lecteur, qui partage un secret. Sauf que… ce n'est pas tout à fait la réalité. Certes, le président a été averti, mais pas par un rapport en bonne et due forme. Car, de document écrit, il n'existe pas. Que s'est-il passé ? Tout simplement, Jacques Fournet, le patron des Renseignements généraux et futur patron de la DST, ancien préfet de la Nièvre, ayant appris, par ses services, la présence de Pelat dans cette histoire, s'est rendu directement place Beauvau pour y avertir de vive voix Pierre Joxe, le ministre de l'Intérieur. Lequel alertera dare-dare le chef de l'État. Cela dit, chapeau ! C'était un joli scoop. Dans *Un temps de chien* (Stock, 1994), écrit après le suicide, le 1er mai 1993, de Pierre Bérégovoy, vous consacrez de longs passages à Jacques Fournet, pur produit de la méritocratie républicaine, qui terminera sa carrière comme préfet de la région Champagne-Ardenne avant de s'orienter dans le privé, l'industrie pharmaceutique. Au fil du temps, Fournet m'a honoré de son amitié. Souvent, nous avons eu des discussions passionnantes.

C'était un homme cash, axé sur les questions de police et de renseignement – il n'a pas été patron des RG, puis de la DST, pour rien – mais avec avant tout le goût du service public. Un serviteur de l'État, loyal. Témoin, l'anecdote qu'il m'avait racontée. Le temps a fait son œuvre. Je peux, sans le trahir, en faire état. La voici : elle concerne Charles Pasqua et François Mitterrand. À l'un et à l'autre, Fournet, en tant que patron de la DST, avait révélé que leurs fils respectifs, Jean-Christophe pour le président, Pierre-Philippe pour Pasqua, risquaient des ennuis judiciaires pour quelques sorties de route… Fournet ne faisait que son devoir en informant les deux politiques. Leur réponse sera identique : « Fournet, occupez-vous de ce qui vous regarde. » Fournet ne racontait pas de bobards : par la suite, les fils Mitterrand et Pasqua seront rattrapés par la justice. Cet homme honnête, et même un peu austère, était pourtant capable de facéties, à sa manière. Un jour, excédé par les turpitudes qui régnaient dans les casinos de la Côte d'Azur, il me transmet un copieux rapport sur le sujet. « Faites-en ce que vous voulez, mais ne me trahissez pas », me dit-il. Une semaine plus tard, paraît dans *L'Express,* sous ma signature, un papier sur les casinos. À peine sorti, ça ne traîne pas. Coup de fil de l'un des adjoints de Fournet. « C'est étrange, me lance-t-il, il n'y a que moi qui possède ce rapport ultra-confidentiel. Vous l'avez obtenu comment ? » Il a cherché longtemps. Il n'a jamais eu de réponse. Peut-être, aujourd'hui, a-t-il quelques doutes ?

En cette fin de la décennie 80, la République est cernée par les affaires. La Direction centrale des renseignements généraux a même dressé un récapitulatif des élus mis en examen ou susceptibles de l'être… Un recensement qui tient sur une centaine de pages. Pour l'heure, le dossier qui retient toutes les attentions, c'est Pechiney.

L'instruction, sous la houlette de la juge Édith Boizette, avance à grands pas.

En janvier 1989, quelques noms d'initiés sont jetés sur la place publique. Ainsi, ceux d'Alain Boublil, directeur du cabinet de Bérégovoy, le ministre de l'Économie, ou de Samir Traboulsi, pittoresque homme d'affaires franco-libanais, ami de Boublil... Max Théret, l'ancien trotskiste et fondateur de la FNAC avec André Essel, qui est un ami de Pelat. Dans les salles de rédaction, on ne parle que de cette affaire. Elle vous obsède. Votre intuition vous le dit, vous le répète : avec Pelat, on touche au cœur de l'État, c'est-à-dire à Mitterrand. Vous n'êtes pas le premier à le comprendre. Lorsque, pardonnez mon absence de modestie, j'ai révélé dans *L'Express,* dès le début de janvier 1989, ce nom, je n'ignorais rien de sa longue amitié avec François Mitterrand et son frère Robert. Intuitivement, je pressentais qu'allait croître et embellir un scandale d'État, d'autant plus que la mise en examen de Pelat, pour recel de délit d'initié, apparaissait inéluctable.

Édith Boizette allait entendre bientôt celui que l'on surnommait le vice-président. Or, coup de théâtre, le 7 mars. Une dépêche de l'AFP annonce le décès de Roger-Patrice Pelat, hospitalisé depuis quelques jours à l'Hôpital américain, à Neuilly, pour une crise cardiaque. Les rumeurs les plus folles circulent dans le Tout-Paris. On va jusqu'à évoquer le suicide de l'ami du président, qui n'aurait pas supporté sa prochaine mise en examen. Tout cela est sans fondement. En revanche, si pour les journalistes cette histoire perd un peu de son intérêt, à l'Élysée on y trouve un avantage : celle de se transformer en bouée de sauvetage, puisqu'un trait est définitivement tiré sur les relations d'affaires et de services rendus existant entre Pelat et le président de la République.

Vous ne lâchez rien

Pour vous, le combat ne s'arrête pas. Têtu, vous voulez mettre au jour la face cachée de la Mitterrandie. Or, le lendemain de la mort de Pelat, c'est la douche froide. À 7 h 45, lors de la conférence de rédaction au *Monde*, l'ambiance est polaire. André Fontaine, le directeur, se livre à un sermon sur la responsabilité des journalistes, rappelant que les mots peuvent tuer, et que le journal a manqué au devoir de prudence. Il décide que Bruno Frappat, directeur de la rédaction, fera un papier en ce sens[1]. L'ensemble des présents regardent leurs chaussures. Le service politique, jusqu'alors en retrait sur l'affaire Pelat, prend le relais. Comme l'écrit joliment Jean-François Lacan, « c'est ce service qui sera chargé d'enterrer dignement Pelat ». Pour dire les choses crûment, vous êtes désavoué. Le

1. Voir le livre de Jean-François Lacan, *Les Journalistes,* Éditions Syros, 1994.

journalisme d'enquête serait-il impossible au *Monde ?* Mais s'il n'en reste qu'un, ce sera vous.

Quelque temps après la sévère réprimande d'André Fontaine, visant nos chevaliers blancs, trois des membres du quatuor mis en place pour suivre l'affaire Pechiney jettent l'éponge. Georges Marion s'exile comme correspondant à Alger, Érik Izraelewicz, qui veillait sur Bérégovoy et son directeur de cabinet, Alain Boublil, démissionne de son poste de chef de service ; Lacan, qui s'occupait de Max Théret et avait enquêté sur ses liens avec Gian-Carlo Paretti, proche du Premier ministre italien Bettino Craxi, lui-même impliqué dans de nombreuses affaires, abandonne lui aussi la partie, las de voir ses papiers raccourcis et maltraités par la direction. Mais vous, le Breton d'outre-mer, tenace, vous n'en démordez pas. Vous continuerez de fouiller autour de ce scandale qui va bientôt ricocher sur Pierre Bérégovoy.

Le décès de Pelat hante votre esprit. C'est vrai que le personnage méritait qu'on s'y intéresse. « Né pauvre, devenu riche par le travail », compagnon de stalag de François Mitterrand, ancien militant communiste, il était totalement inconnu du grand public. Sauf à la Fertais-Alais (Essonne), où il avait été un temps conseiller général du canton. Précision : Pelat était très lié à un élu (de droite) de l'Essonne, ex-membre du PSU dans les années soixante-dix, adhérent de la CFDT avant de rejoindre la CGT. Il s'appelait

Michel Pelchat. Vice-président du conseil général du département, en charge des Routes et de l'Équipement, à la tête d'une fortune coquette, toujours bronzé. Je l'ai rencontré. Un sphynx. Totalement muet. Avec le recul, j'imagine qu'il n'ignorait pas grand-chose des secrets de Roger-Patrice Pelat.

Le *Monde* à la dérive

Galopent les mois. *Le Monde* connaît quelques soubresauts. Les deux directeurs qui succèdent à André Fontaine, lui-même successeur de Jacques Fauvet, ne parviennent pas à enrayer la chute des ventes du journal. Les luttes d'influence ne cessent pas. En 1994, Jean-Marie Colombani, pendant de nombreuses années chef du service politique, est élu directeur du quotidien par l'assemblée des journalistes. Comme on dit dans le jargon politique, l'homme qui monte, c'est vous, contre toute attente. Promu rédacteur en chef adjoint, puis, en 1996, directeur des rédactions du *Monde*.

Si vous ne gérez pas les finances du journal, vous avez la main sur les nominations, l'organisation de la rédaction et les sujets qui doivent être traités.

D'emblée, vous appliquez un principe institutionnalisé dans les pays anglo-saxons et qui d'ailleurs n'a rien de contraire au droit : le *spoil system*. En clair, sont promus des journalistes proches de vous, dévoués à votre politique, bref, qui seront vos relais au sein du journal. En premier lieu, vous devez éliminer les gêneurs. Une de vos premières initiatives sera de casser les baronnies, sous-entendu les deux services – politique intérieure et étranger – à la puissance envahissante. Une nouveauté : l'abandon de la spécialité. Plus de rubricard, vissé à son pré carré. Polyvalence pour tous. Peut-on parler de caporalisation, comme le laissent entendre Pierre Péan et Philippe Cohen dans leur célèbre ouvrage ? La mésaventure dont va être victime Jean Plantu en dit long sur l'atmosphère. Au moment des grèves de novembre-décembre 1995, il propose un dessin sur le trafic de drogue dans les quartiers. Niet de la part de la direction. Il ne faut pas désespérer les banlieues, lui rétorque-t-on. Plantu ne cède pas. Son dessin passe tel quel. Ambiance. En réponse, Plantu se voit imposer des heures strictes de remise de son dessin. En deux ans, entre 1994 et 1996, le ménage est fait. À la rédaction en chef, on ne trouve que des « plenéliens » bon teint. Parmi ceux-ci, Thomas Ferenczi, Pierre Georges, le talentueux billettiste, Jean-Yves Lomeau, Alain Frachon et Laurent Greilsamer, auteur d'un ouvrage sur Hubert Beuve-Méry[1].

---

1. *L'homme du Monde : la vie d'Hubert Beuve-Méry*, Laurent Greilsamer, Tempus, 2010.

VI

DANS LA TOURMENTE, LA FACE CACHÉE DU *MONDE*

Premiers ennuis

Au service « Étranger », surgissent pourtant quelques difficultés pour trouver l'oiseau rare. Éric Le Boucher en prend la tête. Ses troupes, qui le trouvent léger, lui offrent une mappemonde en guise d'accueil. Ambiance... Comme il est loin, le temps où le service « Étranger » du *Monde* comptait parmi ses membres Jacques Amalric, Henri Pierre, Alain Clément, André Fontaine, Roland Delcour, Michel Tatu, Bernard Féron. Un service considéré comme meilleur que celui du *New York Times*, ce qui n'est pas un mince compliment. (Je vous renvoie au livre de Jacques Thibau, *Le Monde, histoire d'un journal, un journal dans l'histoire*, Éditions Jean-Claude Simoën, 1978.)

Vous faites venir un copain, lui aussi ancien trotskiste, Sylvain Cypel, de *Courrier international.* Ça ne marche pas. Un troisième arrive, Alain Debove. En principe, en poste jusqu'à la retraite. Échec, de nouveau. Finalement, vous vous rabattez sur un autre copain, encore un ancien trotskiste de la LCR, ex-chef du service « Politique » de *Libération,* François Bonnet.

L'étranger, c'est plié, enfin. Vous créez alors un autre service, qui a pour objet de se livrer à de vastes réflexions ou à des analyses musclées. Son nom : « Horizons ». En feront partie Philippe Sollers, Bernard-Henri Lévy, Jean-Claude Casanova, professeur à Sciences Po, proche de Raymond Barre, ou encore Alexandre Adler. Ils auront le titre d'« d'éditorialiste associé ». Reste le service « Société », sur lequel vous devez également établir votre emprise. Il est composé de cinq personnes : la cheffe, Anne Chemin, Jérôme Fenoglio, Nathaniel Herzberg (votre neveu), Philippe Bernard et Hervé Gattegno, adjoint d'Anne Chemin. Vous misez sur Gattegno, qui monte en grade, pour prendre la direction de la section « France ». Gattegno, votre chouchou, un temps candidat à la direction du journal, presque votre double, à l'époque. Celui en qui vous aviez une confiance absolue. Et puis un jour, c'est la brouille. Puis la haine. Désormais, vous ne correspondez qu'avec des assignations. L'objet du litige, entre autres, son refus de participer à l'aventure *Mediapart,* et le cas Nicolas Sarkozy. Alors que vous n'y allez pas de main morte avec l'ancien président de la République, Gattegno déploie tous ses efforts pour montrer que celui-ci est innocent. Quitte à avoir une lecture très personnelle des procès-verbaux.

Gattegno, qui était venu m'interviewer, pour *Le Nouvel Observateur* en 1992, à propos de mon livre, *L'Argent facile*, publié par vos soins chez Stock. Première observation du confrère : « Il n'y a rien dans votre livre »… Je lui réponds : « Ah, bon ? N'écrivez rien dans ce cas-là. » Et *Le Nouvel Obs* sort un papier qui ne parle quasiment pas du livre, et dont l'essentiel est consacré à faire votre éloge, cher Edwy. Quelque temps plus tard, Gattegno quitte *Le Nouvel Observateur* et vous rejoint au *Monde* !

Le miroir aux alouettes

Obsédé par la chasse aux scoops, et la volonté d'être le premier sur une affaire, vous prenez quelques libertés avec les exigences du métier, comme en témoigne le papier publié par Gattegno dans *Le Monde* des 8-9 décembre 2002, il laisse entendre que la maison construite au cap d'Antibes par le promoteur Christian Pellerin était destinée à abriter les vieux jours de François Mitterrand. Précis jusque dans les moindres détails, l'auteur certifie que le président de la République a visité les lieux le 29 novembre 1989. Sacrément informé, Hervé Gattegno, mais l'article fait pschitt. Bizarre. En général, les confrères se précipitent en effet pour reprendre les informations du quotidien de référence. Là, rien du tout. Mais, quatorze jours après le papier, ça bouge. Ou plutôt ça tangue. André Rousselet, exécuteur testamentaire de François Mitterrand, dont il a été le directeur de cabinet à l'Élysée, adresse une lettre vacharde au *Monde* dans laquelle il précise que « le 29 novembre 1989, le chef de l'État se trouvait en visite à Athènes, et qu'il n'est revenu que le lendemain, en fin de matinée ». La lettre de Rousselet paraît dans le quotidien. Sans commentaire.

Ce faux pas de Gattegno révèle un autre travers, fréquent chez les journalistes : la trop grande confiance accordée à leurs informateurs, doublée d'une négligence, c'est-à-dire de ne pas recouper l'information qui vous est servie sur un plateau.

Déjà en 1994, Paul Barril lui avait laissé entendre que, grâce à la boîte noire du Falcon 50 qui s'était écrasé le 6 avril 1994 non loin de Kigali avec à son bord le président rwandais Juvénal Habyarimana et une dizaine de passagers, on allait trouver la cause du crash. Le bouillant capitaine s'était trompé, entraînant Gattegno dans l'erreur. Et pour cause : le Falcon 50 du président rwandais non seulement ne comportait pas de boîte noire, mais celle brandie à la télévision par Barril n'était même pas du type de celles que l'on trouve sur ces appareils.

Dérives

Depuis des lustres, les médias consacrent une large place à l'actualité criminelle, qui enflamme le pays. Rappelez-vous la mort du petit Grégory. La France se divisera en deux : les pro- et les anti-Christine Villemin. Chaque titre détenait sa vérité. Quitte à en proposer, le lendemain, un autre, totalement opposé à celui de la veille. Souvenons-nous de l'affaire d'Outreau, où des journalistes annonçaient que des notables figuraient parmi les tortionnaires d'enfants. Ce qui était faux et archifaux.

Les faits divers sont en effet compliqués à couvrir. Surtout lorsque les acteurs, témoins ou suspects, sont nombreux. À cela s'ajoutent les coups de théâtre, inéluctables… Imprévisibles. Et lorsque ce fait divers prend, au fil des jours, une coloration que l'on croit politique, où les risques de manipulations et mensonges sont légion, là le journaliste ne doit plus se fier à son intuition, mais à une qualité de plus en plus rare : la vigilance. Attendre. Être patient. Quitte à ne rien écrire pendant des jours. Vous n'en avez pas toujours été capable. Vous n'êtes pas le seul.

Vous voyez à quoi je fais allusion ? À l'affaire Alègre, qui débouchera sur un drame, la mort de Dominique Baudis, ancien maire de Toulouse, à l'époque président du Conseil supérieur de l'audiovisuel (CSA).

Connivences

Au début des années 2000, votre ascension est à son maximum. Vous êtes directeur des rédactions du *Monde* depuis quatre ans. Vos partisans détiennent le pouvoir. C'est bien connu : on en veut toujours plus. Vous, ce sera la télévision, LCI, chaîne de la TNT du groupe Bouygues où vous animez une émission littéraire, « Le Monde des idées ». Une émission qui mérite le détour. Rien à voir avec « Apostrophes » de Bernard Pivot, qui ne se privait pas de lancer quelques piques aux auteurs invités. Avec vous, c'est ami-ami. Je suis le meilleur, vous êtes le meilleur, on est les meilleurs.

Ce « Monde des Idées » me semble ce qu'on fait de plus abouti dans la connivence. Selon moi, le conflit d'intérêts n'est pas loin. C'est ainsi que vous, directeur de la rédaction du *Monde*, vous interviewez un éditorialiste associé du *Monde*. À la limite, et encore, passe que vous interrogiez un salarié du journal, si c'est pour un entretien critique, sans concession, mais quand celui-ci se transforme en flatterie, en révérence outrancière, on se demande sur quelle planète on a atterri. Je vous donne deux exemples décortiqués par le site Acrimed-Action Critique-Médias. J'imagine, vous les avez encore en mémoire. (Je vous le rappelle, Acrimed se livre à une critique pertinente du travail des journalistes.) Le 18 mars 2000, vous recevez Philippe Sollers, écrivain dandy réputé, grâce à vous éditorialiste associé au *Monde*. Vous le présentez ainsi : « Bienvenue au "Monde des idées". Admiré ou détesté, loué ou moqué, il ne laisse personne indifférent. On pourrait dire, mais il n'aimerait pas, que c'est notre grand écrivain d'aujourd'hui. Depuis plus de quarante ans, il domine la scène des lettres. C'est Philippe Sollers. C'est mon invité. Et c'est un Philippe Sollers un peu spécial. On va parler de son dernier roman, *Passion fixe*, chez Gallimard, mais on va surtout parler de lui. » (Vous lisez alors un extrait d'entretien avec Sollers conduit par *Le Monde des débats* de mars 2000.) Vous poursuivez : « Alors, je lis toutes les critiques sur ce livre et je partage leur opinion : je pense que c'est un grand livre, je pense que c'est une passion au beau fixe, je pense que c'est un livre gai, un livre qui donne envie de vivre, de se battre pour vivre. »

Quelques minutes plus tard, cher téléspectateur, si vous n'avez pas tout compris, ou pas tout suivi, un bonus : « Retour au "Monde des idées", reprenez-vous, nous dialoguons avec Philippe Sollers autour de son nouveau roman, *Passion fixe*, qu'il faut lire, qui rend gai, joyeux, qui donne envie de se battre, pour la vie, pour aimer, pour l'amour. » Entretien terminé : « Merci, Philippe Sollers. À bientôt. » De quoi être abasourdi ! On a envie de rire ! Pourquoi ? Parce que Philippe Sollers, dans *Le Monde* du 7 mai 1994, écrivait à propos de votre livre, *Un temps de chien* : « On avait envie de recommander la lecture urgente du livre d'Edwy Plenel [...], suite logique d'un autre livre, *La Part d'ombre*. Honte à vous, écrivains moutons et lecteurs passifs, c'est bel et bien un journaliste qui nous jette aujourd'hui en pleine épaisseur romanesque. Quant à vous, esprits curieux, voici un texte magnifique, terrible, qui en effet renvoie à leur inanité, les vrais faux romans que l'on vous vend. » Oui, je ris quand je lis dans la foulée ces deux textes. Un rire toutefois mêlé de scepticisme.

Dans la même veine, je souhaite évoquer encore « Le Monde des idées »... Cette fois à propos du livre *Le Siècle de Sartre* de Bernard-Henri Lévy. Vous l'avez reçu quelques semaines plus tôt, le 15 janvier 2000. Un entretien qui préfigurait celui que vous avez eu avec Sollers, sur le même ton complice. Pas à dire, vous êtes du même... *Monde.*

Voici votre entrée en matière : « Ce livre, Bernard-Henri Lévy, merci de nous réserver un peu la primeur de ce premier dialogue autour de cette somme, autour de ce grand livre. Au fond, la surprise dans ce livre, on nous met tous dans des boîtes, on vous met aussi dans des boîtes, c'est de se dire que l'homme de combat contre la “barbarie à visage humain”, le philosophe qui a promu le droit d’ingérence humanitaire [...], finalement il nous fait un grand livre, certains de vos amis disent : c’est peut-être votre meilleur livre, c’est un livre où le lecteur mène dialogue avec vous, vous suit dans cette cavalcade. » Je vous rappelle que BHL figure comme Sollers parmi les éditorialistes associés du *Monde*.

Plus tard, vous persévérez : « Le siècle qui s’annonce et sur lequel ce jeune philosophe mort il y a vingt ans [Jean-Paul Sartre] a beaucoup à nous dire. En tout cas, c’est ce que croit et ce que dit fort bien dans un livre monument, on dirait une statue, mais en fait, une statue c’est figé, c’est plutôt un tableau, une sorte de grande fresque...

Bernard-Henri Lévy, vous nous faites redécouvrir dans cette aventure, dans la joie, le plaisir, le bonheur, l’irrévérence, les indignations, le droit de se tromper, mais de se tromper pour une bonne cause [...] donc dans cet éloge de la complexité, on doit quand même parler du philosophe, parce que vous êtes philosophe et écrivain... »

Deux textes. Deux critiques qui servent la soupe, le dessert et le café ! Je pense à un texte où vous parliez de la distance que doit avoir un journaliste. Je pense également à votre promesse de recevoir également des anonymes lorsque vous animiez « Le Monde des idées », sur LCI. Parole tenue ? Pas sûr. Je le reconnais volontiers. Lorsque le livre d’un auteur vous plaît, vous enthousiasme, vous le criez. Haut et fort. BHL est verni. Vous l'aimez. Une nouvelle preuve nous est fournie en 2003, lorsque le philosophe à la chemise blanche sort *Qui a tué Daniel Pearl ?* (Grasset).

Bis repetita, le 26 avril 2003, toujours sur LCI. Voici votre lancement sur BHL : « Ce qui fait à mes yeux toute la force de ce livre, c'est une enquête, ce sont des faits [...] Il faut le lire. » Pensez contre vous-même en lisant ce livre, *Qui a tué Daniel Pearl ?*. Une semaine plus tard, Jean-Marie Colombani, directeur du *Monde*, accueille BHL : « À mes yeux, ce livre est évidemment très important. [...] C'est un livre qui restera comme témoin des moments de l'histoire que nous vivons. [...] Merci à Bernard-Henri Lévy d'avoir été aujourd'hui avec nous pour nous parler de ce livre, *Qui a tué Daniel Pearl ?*, chez Grasset. Encore une fois, un livre fort, important. Je crois que l'on ne peut passer à côté de cet ouvrage. » La flatterie aurait-elle des degrés ? Là, nous sommes au sommet. Écoutez ce que disait l'inénarrable Jean-Marie Colombani lors de l'émission « Bouillon de culture » sur France 2 : « BHL, il a raison tout le temps : lui ne s'est jamais trompé. »

Pourtant, quelqu'un ne partage pas ce déluge de compliments. Il s'agit de William Dalrymple, journaliste et historien écossais. Pendant des années, il a sillonné l'Orient avant de s'établir à Delhi avec son épouse, et ses écrits font autorité. Dans *The New York Review of Books* (le texte a été publié dans *Le Monde diplomatique* en décembre 2003), il rend compte du livre de BHL sur Daniel Pearl. Une fois encore, c'est l'occasion de creuser un peu plus le fossé qui vous sépare du *Monde diplomatique* et de son directeur, Serge Halimi. Vous en avez l'habitude. Vous adorez batailler. La controverse est votre vie.

Voici ce qu'écrit Dalrymple : « Ce livre pâtit de défauts rédhibitoires et fourmille d'erreurs factuelles de première importance. Il est même dépourvu de toute fidélité, poursuit l'historien, quant au respect des faits et relève de la pure invention, car dès lors qu'aucune preuve n'est disponible, l'auteur fait comme si elle existait. » Tournant BHL en ridicule, Dalrymple poursuit : « BHL a visé beaucoup trop haut, eu égard à ses compétences. » Il « étale son ignorance crasse de la vie politique de l'Asie du Sud, [...] élabore une série de théories du complot, mais sans l'ombre d'une démonstration. » Conclusion qui achève BHL : « Un livre de haine, le comble du ridicule. » Accablant. Qui a raison dans ce débat musclé ? Je ne me hasarderai pas à répondre. Querelle d'écrivains.

Elle me semble aussi terrible que le panégyrique que vous avez dressé des ouvrages de Sollers et de BHL. D'autant que, dans cet exercice, vous vous êtes trouvé en contradiction avec le *vade mecum* du bon journaliste du *Monde,* rédigé en 2002, mélange de code de la route et de code d'honneur de la rédaction du journal. Une somme ! 220 pages que tout collaborateur doit lire !

J'extrais une ou deux phrases de votre guide : « [Le journaliste du *Monde*] doit s'efforcer avant de juger, d'expliquer avant de commenter, de démontrer avant de condamner. Accepter, quotidiennement, à l'épreuve des faits, c'est admettre que ceux-ci ne sont pas d'emblée réductibles à une seule unique grille d'explication dont les journalistes en général, et ceux du *Monde* en particulier, seraient les dépositaires attitrés. » Suit un hymne à la pluralité : « C'est-à-dire au refus de l'uniformité, du sectarisme et du suivisme. Un journaliste du *Monde* doit toujours rechercher les points de vue contraires et opposés, fussent-ils minoritaires. Il veille à un équilibre honnête dans la couverture des opinions politiques et intellectuelles, de façon que le lecteur puisse les confronter, comparer et choisir afin de se forger librement ses convictions. Enfin, il s'efforce de donner la parole aux sans-voix, aux délaissés et aux oubliés, en allant à la recherche de réalités occultées par les courants dominants de l'actualité. »

Vous avez bien lu ? *Expliquer avant de commenter, démontrer avant de condamner.* C'est votre prose. Manque de chance, vous allez en être l'une des victimes. En cause : une affaire pénible, dont chaque journaliste se souvient, où la rumeur a supplanté les faits, est devenue certitude, où quelques journalistes grisés par la course effrénée aux scoops ont fait fausse route. Justement. Cette affaire, ce loupé tragique, c'est l'affaire Alègre devenue très vite l'affaire Baudis.

Coup de folie

Nous sommes donc au début 2003. À la suite de l'arrestation d'un serial killer, Patrice Alègre, une information judiciaire est ouverte à Toulouse afin de rechercher d'autres victimes ou des complices. De fil en aiguille, des prostituées interrogées par la gendarmerie affirment avoir été violées et avoir subi des actes de torture commis par des notables de la cité. Parmi ceux-ci, Dominique Baudis, président du Conseil supérieur de l'audiovisuel (CSA) et jadis maire de Toulouse, où il avait succédé à son père en 1983, après avoir été aux commandes du journal télévisé de TF1.

Pour comprendre cette histoire, qui va devenir un scandale d'État, on ne doit pas perdre de vue que, depuis cinquante ans, les clans Baudis et Baylet, ce dernier propriétaire de *La Dépêche du Midi*, se vouent une inimitié féroce, sur fond de lutte pour le pouvoir. Cette inimitié perdure avec l'élection de Dominique Baudis.

D'un côté, ce dernier, regard bleu qui crève l'écran, posé, solitaire, passionné de politique, et de l'autre, Jean-Michel Baylet, prototype du notable à l'ancienne, radical-socialiste, qui sera lui aussi pisté par la justice, pour une supposée affaire de viol. Laquelle se terminera par un classement sans suite.

C'est *La Dépêche*, dont les papiers seront relayés par *Le Monde* et *Libération*, qui met en cause l'ex-maire de la Cité rose. Faisant fi de toute prudence, le quotidien prend pour argent comptant les déclarations de deux prostituées, Fanny et Patricia, accusatrices de Baudis.

Février 2003. Le poison de la rumeur galope. Le nom de l'ex-édile circule dans Toulouse. Idem à Paris, dans les salles de rédaction. On va jusqu'à susurrer que Philippe Douste-Blazy, à qui Baudis a laissé son fauteuil de maire de Toulouse, ne serait pas étranger à ce jeu pervers… Des preuves ? Aucune. Deux mois plus tard, à la mi-avril, la rumeur prend un peu plus de consistance. Le correspondant de *Libération* à Toulouse, Gilbert Laval, révèle qu'Alègre pourrait se voir coller cinq autres meurtres sur le dos. Il précise que ce dernier organisait des soirées sadomasochistes auxquelles participaient des personnalités, dont un substitut du procureur de la République. La situation du président du CSA devient intenable. Il faut réagir. Ce qu'il fait, le dimanche 18 mai, en donnant une interview à Claire Chazal au journal de 20 heures sur TF1. Intervention pathétique. Baudis transpire. Il est aux abois. Il dénonce avec force les accusations portées contre lui. « La calomnie, je la regarderai droit dans les yeux et je la prendrai à la gorge », déclare-t-il. Il ne convainc pas… pour cause de transpiration ! Témoin, le papier, le lendemain 19 mai, de Gilles Souillès, journaliste à *La Dépêche*. Assassin. Il accuse Baudis : « En sortant subitement du silence, le président du CSA, qui n'avait jamais été mis en cause, trahit un certain embarras. » Souillès poursuit : « Il apparaît déjà que les prostituées n'ont pas menti en dévoilant les connexions existantes entre un ex-substitut du procureur de la République de Toulouse et Patrice Alègre. » Le nom du magistrat circule sous le manteau dans certaines rédactions.

Depuis plusieurs jours, au *Monde,* vous vous interrogez. Vous auriez des certitudes sur Baudis. Dominique de Villepin, avec lequel vous entretenez des relations cordiales – son discours à l'ONU sur l'Irak vous a emballé –, vous le dit haut et fort : « Tous ces gens ont les fesses sales. » Cette citation, je l'ai découverte dans le long papier que Sophie des Déserts vous a consacré dans *Vanity Fair* (24 janvier 2018, « Edwy Plenel, enquête sur l'enquêteur »). Vous sollicitez votre ami, venu lui aussi du trotskisme, Jean-Paul Besset, correspondant du journal à Toulouse, pour enquêter. Le 23 mai, Besset sort un papier au titre clair : « La justice a ouvert une instruction pour viols, actes de torture et barbarie sur mineurs, par personnes dépositaires de l'autorité. » Le papier précise que Dominique Baudis est l'une des personnes visées par ces atrocités. Le 17 juin, un nouveau papier, signé Besset et un pigiste local de l'AFP, Nicolas Fichot, est intitulé : « Affaire Alègre : les enquêteurs reconstituent l'histoire de la Maison du Lac. » Rédigé sur quatre colonnes, l'article occupe une demi-page du *Monde.* Au centre, une interview de Jean-Michel Baylet, qui rétorque à Baudis : « Je peux comprendre vos difficultés et même vos souffrances. À changer constamment votre ligne de défense, vous ravivez vous-même les rumeurs et finirez par en faire douter certains. » La charge est vive.

Un seul intertitre : « Messe rouge ». Le lecteur se trouve illico plongé dans les atrocités dont auraient été victimes, dans les années quatre-vingt-dix, les prostituées dans cette mystérieuse maison située sur les bords du lac de Noé, à une trentaine de kilomètres de Toulouse. Décrite comme « une grosse bâtisse isolée », elle aurait été le lieu de tortures et d'exactions abominables. Les deux journalistes écrivent : « Ils ont recueilli éléments et témoignages » ; « les gendarmes ont découvert » ; « les gendarmes détiennent la preuve » ; « les gendarmes ont établi » ; « les gendarmes sont convaincus ». Bref, un article charpenté, sourcé. Dans la tradition du quotidien de référence. Encore que le lecteur pourrait s'étonner qu'à aucun moment ne soit fait mention de procès-verbaux d'audition, pas plus que d'un rapport de synthèse. Le luxe de précisions qui suit, devrait rassurer. Les auteurs notent, en utilisant les guillemets, que cette Maison du lac a abrité « des soirées suspectes », où se seraient déroulés « des actes de torture », « des sévices ». Ils précisent aussi qu'à l'intérieur de la bâtisse on découvre « des anneaux fixés aux murs », « à hauteur d'enfant »... Sont évoqués encore « du sang séché », et « le sacrifice d'animaux ».

Avec de telles précisions, fussent-elles sordides, le lecteur du *Monde* a toutes les raisons de penser que, grâce à deux journalistes tenaces, un mystère a été résolu. En effet, qui pourrait contester leurs révélations, tant le papier est précis ? *Le Monde* est *Le Monde*. Excellence du journalisme, il ne peut se tromper. L'embrasement est immédiat. Les journaux se précipitent pour reprendre le papier de Besset et Fichot. Sauf qu'il y a un problème. Énorme. Le procureur de Toulouse, Michel Bréard, dans un communiqué envoyé à l'AFP, dément les affirmations du *Monde,* martelant tout ignorer des enquêtes des gendarmes. Pour les deux journalistes, le coup de massue. Tout est faux.

À la rédaction, c'est la consternation. Le temps des interrogations. Comment les articles de Besset et Fichot ont-ils pu être publiés ? Pourquoi la plus élémentaire prudence, consistant à contacter le procureur de Toulouse, n'a pas été respectée ? Cette boulette rappelle le faux scoop de Panama. Sauf que, dans le cas Alègre, c'est un homme public qui a vu son nom, son honneur, jetés en pâture. Avec Panama, ce n'était qu'un parti politique, après tout...

Dans la boue

Le 28 septembre 2003, après des mois de silence, *Le Monde* se réveille : vous en êtes, je le rappelle, directeur de la rédaction. Le médiateur, Robert Solé, ancien correspondant à Rome, revient sur l'article de Fichot et Besset, promu entre-temps directeur adjoint ! Impossible de s'en débarrasser. Solé écrit : « Les gendarmes, y affirmait-on, avaient pu reconstituer l'histoire des soirées masochistes, accompagnées d'actes de torture, organisées par Patrice Alègre, dans lesquelles des personnalités étaient impliquées. » Il poursuit : « Divers détails étaient donnés dans l'article, qui signalait notamment des anneaux fixés au mur, à une cinquantaine de centimètres du sol, à hauteur d'enfant, ou d'une personne devant se tenir à quatre pattes. » Il s'agit là « de prétendues constatations » qui ont été immédiatement démenties par le procureur de Toulouse, ajoute Solé, qui admet « que les lecteurs se sont déclarés consternés que *Le Monde* ait pu publier un tissu de mensonges et de rumeurs sans fondement ». À la fin de ce commentaire suit la réponse de Besset. « C'était une enquête sur un lieu soupçonné d'avoir abrité des soirées sadomasochistes et sur lequel une information judiciaire est toujours ouverte. Aucune personne n'était nommément mise en cause dans l'article. Nous n'avons pas vu l'intérieur de la maison, qui est occupée par de nouveaux propriétaires, mais nous avons recueilli et croisé un certain nombre de témoignages. Certaines de ces informations sont-elles fausses ? Avons-nous été manipulés par les enquêteurs ? Il n'y aurait pas eu de doute si, dès le début, le procureur de la République, qui est chargé d'informer l'opinion sur l'avancée de l'enquête, avait organisé des rencontres régulières avec la presse. » Étonnante, cette phrase ! Pour un peu, le fautif, dans cette histoire, c'est le procureur qui a négligé de nous informer. Fichot, pour sa part, adopte une défense copie conforme de celle utilisée par vous-même dans l'affaire du faux scoop de Panama. Interrogé par « Arrêt sur Images » (France 5), l'émission de Daniel Schneidermann, il se défend. Plutôt un aveu, plein de candeur : « C'est un article qui n'est pas méchant. Ce sont des faits qui semblent être vrais. Tellement que le procureur publie un démenti. Ça serait à refaire, d'ailleurs, je ne le referais pas. Tout ça, c'est le bureau des embrouilles, si c'était à refaire, je ne le referais pas. » Il ne s'agit pas d'accabler les deux journalistes, mais convenez-en : leur défense, notamment l'expression « les faits semblent être vrais », ne peut être validée. Schneidermann, à peu près au même moment, publie un livre, *Le Cauchemar médiatique*[1], dans lequel il critique *Le Monde* pour sa gestion de l'affaire Alègre devenue affaire Baudis. « Un festival de rumeurs qui ne sera suivi d'aucun débat interne, ni mea culpa. » En prime, il étrille la direction du *Monde* pour son attitude à l'égard de Péan et Cohen : « Même si leur livre, écrit-il, suintait la volonté de détruire et était truffé d'erreurs flagrantes, il me semblait que *Le Monde*, plutôt que de répondre comme un clan sicilien offensé par la provocation d'un clan rival [...] devait répondre comme un journal dans une démocratie développée du XXIe siècle : en ouvrant ses bouches, ses comptes et ses archives. » Mais la direction du *Monde,* sûre de son bon droit et de l'excellence de son travail, commencera par traiter par le mépris cette offensive. *Le Cauchemar médiatique* n'est pas encore paru. Il est prévu pour le 2 octobre.

Mais, dès ce lundi 29 septembre, certains journalistes ont pris connaissance du texte. Colombani et vous l'avez déjà lu. Les choses ne traînent pas. Ce 29, vers 17 heures, le site du *Nouvel Observateur* annonce que Daniel Schneidermann, chroniqueur au *Monde Radio-Télévision,* va être licencié. À 18 heures, le site

1. Denoël, 2003.

de *Libération* confirme le licenciement. Pour quelles raisons ? Jean-Marie Colombani, directeur du journal, et vous-même, directeur de la rédaction, reprochez à votre chroniqueur d'avoir outrepassé « le droit des journalistes d'avoir leur liberté d'opinion » tel qu'il est prévu à l'article 3b de la convention nationale collective des journalistes. Cet article dispose : « Les organisations contractantes rappellent le droit pour les journalistes d'avoir leur liberté d'opinion, l'expression publique de cette opinion ne devant en aucun cas porter atteinte aux intérêts de l'entreprise de presse dans laquelle ils travaillent. »

Schneidermann a le droit d'exprimer son opinion… à condition de ne franchir une ligne : le dénigrement de l'entreprise qui l'emploie. Ce qu'a fait l'animateur d'« Arrêt sur images ». Le microcosme médiatico-parisien s'agite. Court aux nouvelles. « Nous ne commentons pas une non-information », répète en boucle la direction du journal. Pas un mot sur le sujet… Cocasse pour un journal, et vous-même, qui ne cessez de prôner le droit de savoir, la transparence, de prendre tout à coup la posture du muet du sérail. Pour sa part, la société des rédacteurs du *Monde* (SRM), premier actionnaire (40 %) du journal, botte en touche. Par huit voix sur douze, son conseil d'administration estime « qu'il n'est pas dans ses attributions de se prononcer sur un acte relevant de la responsabilité de la direction et dont les organisations syndicales sont saisies ». Finalement, Daniel Schneidermann, avec qui vous vous engueulerez violemment, est licencié. Il perçoit 80 000 euros d'indemnités. Deux ans plus tard, le tribunal annule son licenciement. Vous avouerez avoir commis une erreur en le poussant vers la sortie.

Le 26 mars 2009. Épilogue de l'affaire Alègre. Le tribunal correctionnel de Toulouse condamne Patricia à trois ans de prison avec sursis, assortis d'une mise à l'épreuve de deux ans, Fanny à deux ans de prison avec sursis, assortis d'une mise à l'épreuve de deux ans. Elles ne sont pas présentes à l'audience.

Fin d'une piteuse et dramatique affaire. Peu glorieuse pour les journalistes. Témoin, l'un des attendus, repris par *Mediapart* qui vient d'être lancé, attendu qui malmène, comme rarement, la presse : « Attendu que doit être évoquée [...] la part de responsabilité des médias dont on a pu vérifier, en l'espèce, qu'ils peuvent nous séparer du réel par les moyens mêmes qui nous servent à le connaître, que la campagne de presse à laquelle on a pu assister en 2003 révèle un manquement grave aux principes déontologiques de distanciation à l'égard d'informations parfaitement extravagantes et qui vont être martelées avec les effets dramatiques de la propagande ; que la source en sera un organe de presse local en position de monopole, pour être reprise et amplifiée par des médias nationaux qui vont permettre à toutes "les langues de velours noir" de rajouter à la nuisance. »

Je suis peut-être un peu long sur le cas Alègre, mais il le mérite, car il concentre, à lui seul, les pièges que devrait éviter tout journaliste, lorsqu'il enquête sur des affaires où s'entrechoquent accusations contre un homme politique, manipulations, intoxication des journalistes, coups tordus et affabulations. L'affaire Alègre réunit tous ces ingrédients.

Mea culpa, mais pas vous

Trois semaines après la chronique du médiateur du *Monde*, et cinq mois après la bavure de Besset, le quotidien publie, le 23 octobre 2003, « une contre-enquête sur l'affaire Alègre ». L'ancien maire de Toulouse a été totalement blanchi des accusations portées contre lui. L'auteur du papier ? Gérard Davet, qui deviendra par la suite l'associé de Fabrice Lhomme pour divers dossiers d'investigation, notamment l'affaire Bettencourt.

Le remplaçant de Besset et Fichet s'est assigné un double objectif : démontrer que *Le Monde* est capable d'opérer un retour critique sur lui-même, et de dire si oui ou non ses journalistes se sont égarés. Ainsi, contrairement à ses confrères, Davet donne la parole aux personnes mises en cause. Il les met en scène : « L'ex-substitut ne croit pas » ; « Son conseil, Me Laurent de Caunes, n'y croit pas » ; « Thierry Perriquet, le juge d'instruction, aimerait... » La démarche de Davet est claire : ne pas émettre d'hypothèses, laisser aux protagonistes le soin de les émettre. Le changement de traitement journalistique saute aux yeux. Le regard sur les prostituées n'est plus le même. Hier, victimes, incapables de se défendre face aux notables. Aujourd'hui, cataloguées menteuses et mythomanes. Davet offre une authentique révélation : un procès-verbal d'analyse et de constatations, rédigé par un adjudant-chef de gendarmerie, qui émet des doutes sur les témoignages des prostituées. Stupeur, il date du 14 mai 2003. Or, Besset et Fichot ont publié leur article accusateur un mois plus tard. Pourquoi les deux confrères n'ont-ils pas obtenu ce P-V ? Davet, lui, l'obtient. Ce qui lui permet de rectifier le tir en zigzag de ses camarades. Dominique Baudis retrouve son honneur. La vérité éclate. *Le Monde* a fait acte de contrition.

Pourtant, dès cette époque, il était facile de réaliser une contre-enquête. C'est ce que fera le journaliste Jean-Marie Pontaut, alors à *L'Express*. Malin, fouineur invétéré, intuitif, familier des arcanes policiers, il sait que, dans ce genre de dossiers, mensonges et manipulation sont monnaie courante. Il se montre réservé sur les allégations des prostituées. Reprenant l'enquête sur le terrain en confrontant les emplois du temps, il démontrera que les témoignages des prostituées ne sont que des affabulations.

Grâce un journaliste qui a simplement fait son boulot, l'ancien maire de Toulouse retrouve son honneur.

Mais il est anéanti, brisé, et il meurt d'un cancer du poumon le 10 avril 2014, à l'âge de 66 ans. Interrogé par Sophie des Déserts, au sujet de l'affaire Baudis, vous défendez : « On m'a fait un faux procès. » Le fils de Dominique Baudis, Pierre, remettra les choses au point : « Je n'ai jamais pardonné à Plenel, s'indigne-t-il. Je lui ai dit que j'avais voulu être journaliste en réaction à lui, à ce qu'il nous a fait. »

VII

DE LA TRAVERSÉE DU DÉSERT À *MEDIAPART*

2003-2004. Durant ces années, vous frôlez le désastre. Affaire Alègre. Pertes financières au *Monde*. Mais surtout le livre de Pierre Péan et Philippe Cohen sur la face cachée du *Monde* est une véritable bombe.

Sur plus de six cents pages, les deux auteurs décortiquent, analysent, grâce à de nombreux témoignages – dont beaucoup proviennent de l'intérieur –, les dessous du fonctionnement d'un journal dit « de référence ». Furieux, vous êtes prêt à engager des poursuites, et des procédures sont lancées. Mais Jean-Marie Colombani et Alain Minc, sagement, s'interrogent sur leur pertinence et s'orienteront vers une transaction négociée.

Stupéfaction

On imaginait ce journal éloigné des puissances d'argent, or nos deux enquêteurs montrent très bien les liens existant avec le patron de la BNP. *Le Monde*, croyait-on, n'avait guère de sympathie pour la droite… On apprend que son directeur, Jean-Marie Colombani, soutient Édouard Balladur. *Le Monde*, jurait-on, avait un credo : l'indépendance. Or, les auteurs nous ont appris que vous, Edwy Plenel, entretenez d'étroites relations avec un important syndicaliste policier.

Le trio Plenel-Colombani-Minc se fissure. Vous claquez la porte de la direction de la rédaction, en 2004, exilé au *Monde 2*. En 2005, vous êtes licencié et faites le forcing pour toucher vos indemnités, 450 000 euros. C'est la débandade. Colombani quitte son poste le 1er juillet 2007, mais conserve son salaire de 25 000 euros par mois. Alain Minc est le dernier à partir en 2008. Quelque temps après, les haines se montrent au grand jour, notamment entre Alain Minc et vous. Au cours d'une émission sur Canal Plus, en février 2009, vous reprochez à Minc d'avoir voulu pousser *Le Monde* à faire campagne pour Nicolas Sarkozy.

Quant à vous, vous n'avez pas à vous plaindre. Depuis 2006, vous cumulez deux postes de professeur associé, l'un à l'université de Montpellier, l'autre à celle de Neuchâtel. Vous y enseignez, bien entendu, le journalisme.

Concernant le poste de Montpellier, on peut subodorer que l'ancien Premier ministre de Jacques Chirac, Dominique de Villepin, ne serait pas étranger à votre nomination. En effet, vous entretenez toujours des relations amicales avec lui depuis son discours à l'ONU, le 14 février 2003, pour s'opposer à la guerre en Irak. Aussi, le 9 octobre 2006, Jacques Chirac nomme, par décret « M. Plenel (Edwy) en qualité de professeur des universités associé à temps plein à l'Université de Montpellier-1 ». À la mort de Chirac, vous saurez pourtant ne pas vous montrer très reconnaissant envers la Chiraquie, écrivant : « Face au déluge d'hommages enamourés à Chirac, se rappeler que l'ex-président fut reconnu coupable d'abus de confiance, de détournement de fonds publics et de prise illégale d'intérêts ? » Un petit coup de griffe à un mort, c'est sans danger…

Que faire ?

Nous sommes en 2005, et vous êtes sur le carreau. À l'automne 2006, Vittorio de Filippis, le PDG de *Libération*, vous contacte pour relancer le quotidien fondé par Jean-Paul Sartre.

Finalement, vous ne débarquez pas à *Libération*, l'actionnaire principal, Édouard de Rothschild, mettant son veto.

Vous avez tout le loisir de penser au projet qui vous a toujours préoccupé en secret : la création d'un journal.

Le rêve

Un journal numérique payant, sans publicité, indépendant de tous les pouvoirs. Car ce que vous avez en tête, c'est un journal sans papier. Un journal en ligne, que l'on pourra consulter à n'importe quel moment de la journée. À l'inverse de ce que font les autres sites, le vôtre – ce sera *Mediapart*, *media* comme « journal », *part* comme « participation » – traitera de sujets d'intérêt public. Les papiers seront longs, fouillés. Avec des révélations, des informations inédites. Bref, des scoops. Et un blog ouvert pour chaque abonné. Grâce à cette trouvaille, le site sera le seul journal du pays où l'on paiera pour écrire, sans être journaliste ! Pour accentuer cette proximité, le journal sera interactif, organisant des rencontres, des émissions de télévision grâce à la chaîne YouTube « À l'Air libre ».

Dernière nouveauté : la possibilité, pour tout abonné, d'alerter la rédaction sur toute information qu'il jugera utile et digne d'être publiée. Voici le mode d'emploi : « Si vous avez des informations à nous communiquer, vous pouvez nous contacter à l'adresse enquete@mediapart.fr. Si vous souhaitez adresser des documents en passant par une plateforme hautement sécurisée, vous pouvez passer par Secure Drop de *Mediapart*, la marche à suivre est explicitée dans cette page. »

À la lecture de ces lignes, on se frotte les yeux. Ai-je bien lu ? Ce recours à l'anonymat a quelque chose de déplaisant, tant il rappelle de mauvais souvenirs. De nombreux confrères, des citoyens, affichent leur perplexité, voire leur hostilité à cette démarche.

Au premier coup d'œil, vous serez *de facto* concurrent du *Canard enchaîné*, dont la vocation est de sortir des scoops. Votre projet suscite de la méfiance. Beaucoup de confrères sont sceptiques sur la possibilité de créer un journal ayant pour objectif de sortir des scoops en rafale. Autre défi à relever : le prix de l'abonnement, 9 euros par mois – il est aujourd'hui de 12 euros. Ce prix peut paraître excessif, surtout au moment où la presse papier bascule sur Internet, avec ses offres avantageuses.

Si l'armature du projet prend forme, une question fondamentale vous obsède : celle de l'indépendance. Indépendance vis-à-vis du pouvoir politique, du pouvoir économique, et vis-à-vis des actionnaires. Combien de fois avez-vous dénoncé les propriétaires de grands groupes industriels (luxe, armement, BTP) qui s'offrent des journaux comme on s'offre un jouet à Noël ! Au gré des ans, lors des diverses prises de contrôle, vous les aurez toujours en tête : LVMH, *Les Échos, Le Parisien* ; François Pinault, *Le Point* ; Serge Dassault, *Le Figaro, Le Figaro Magazine* ; Vincent Bolloré, CNews, C8, *Le Journal du Dimanche,* Europe 1, *Paris Match* ; Daniel Kretinsky, *Franc-Tireur, Télé 7 jours, Marianne* ; Rodolphe Saadé, *La Tribune, La Tribune-Dimanche, La Provence* ; Xavier Niel, *Nice-Matin*, Bouygues, TF1, TFX, TMC, LCI, parmi d'autres…

Cette situation, vous la déplorez. Alors vous proposez un modèle nouveau. L'indépendance vous obsède. Aussi, pour la sceller, vous avez mis sur pied, grâce au concours d'un cabinet d'avocats réputé, un système qui verrouille le contrôle du titre. En clair, il interdit à un intrus, ne partageant pas votre idéal, de racheter tout ou partie de *Mediapart,* qui est détenu par un fonds de dotation culturel, propriétaire du site, et dont les actions sont incessibles.

Votre projet, vous l'avez bien en main. Depuis des années, vous en rêvez. Vient la seconde étape : qui va mettre de l'argent au pot ? Quels investisseurs seraient intéressés par l'aventure ? Et voilà qu'un soir de 2007 un de vos amis, Michel Broué, lui aussi un énième ancien trotskiste, mathématicien renommé, vous présente, au cours d'un dîner, une femme d'affaires totalement étrangère au monde de la presse. Elle s'appelle Marie-Hélène Smiejan. Diplômée de l'Essec, elle a travaillé chez Econocom, numéro 1 en Europe du digital. Elle a bourlingué en Chine et se balade dans une vieille Jaguar. Autant dire un profil pittoresque. Broué et vous-même lui parlez de votre projet. L'aventure la tente. Elle vous lance : « Une fois que vous aurez votre premier million, tout sera plus facile. » Cette femme vous met en confiance. Vous êtes prêt à emprunter 500 000 euros, grâce à une hypothèque prise sur un appartement que possède votre épouse. Marie-Hélène Smiejan, enthousiaste, est prête pour apporter la même somme, notamment grâce à la vente d'un tableau de Jules Dupré, de l'École de Barbizon (1811-1889), *Les Environs de Southampton*, qui lui a été offert par le patron d'Econocom, Jean-Louis Bouchard, comme cadeau de départ[1].

Quelques mois après le dîner avec Broué, Marie-Hélène donne le top départ. D'autres investisseurs la rejoignent. Comme Thierry Wilhelm, président de la holding Doxa, acteur majeur du digital en Europe, et Xavier Niel, qui n'est pas encore patron de Free, et qui s'intéresse déjà à la presse écrite. Suivent bien sûr Michel Broué, président des Amis de Mediapart, le sociologue Edgar Morin, avec lequel votre épouse a travaillé, la styliste Agnès B, et l'avocat Jean-Pierre Mignard, conseil de François Hollande et du Qatar. Puis Maurice Lévy,

1. Voir l'article de Sophie des Déserts du 14 janvier 2018 dans *Vanity Fair*.

le patron de Publicis, qui met 5 000 euros au pot, et Stéphane Fouks, patron de l'agence Havas.

L'argent trouvé, vous cherchez des journalistes. Le choix est vite fait. *Le Monde* sera le vivier. Il y aura François Bonnet, ancien rédacteur en chef à *Libération,* qui quittera le quotidien de référence, où il occupait les fonctions de rédacteur en chef. Laurent Mauduit, directeur adjoint de la rédaction du *Monde*, auteur d'articles très informés sur le feuilleton Tapie. Un journaliste compétent, mais brouillé avec la modestie. Partant encore, Gérard Desportes, ex-rédacteur en chef à *Libération,* proche de Marc Blondel, secrétaire général de FO. Particularité de ce trio fondateur de *Mediapart* à vos côtés : chacun de ses membres a baigné dans les eaux parfois agitées du trotskisme. À ces « historiques » s'ajoute évidemment Marie-Hélène Smiejan, qui échafaudera, mettra en branle toute la machinerie (diffusion, politique commerciale, abonnement).

D'autres journalistes, à l'étroit dans leur rédaction, frappent à votre porte. Eux aussi, sont séduits par l'aventure. Parmi ceux-ci, Karl Laské, enquêteur à *Libération* depuis une dizaine d'années, Martine Orange, réputée pour ses enquêtes économiques au long cours, pointilleuse comme personne, Antoine Perraud, ancien de *Télérama,* spécialisé dans la critique de livres, la culture en général, et Fabrice Lhomme, ancien du *Parisien*, de *L'Express*, qui connaîtra un grand succès avec son livre *Un président ne devrait pas dire ça* (Stock), coécrit avec son confrère Gérard Davet, qu'il rejoindra très vite au *Monde.* Lhomme aura comme successeur un jeune journaliste, passé par *Le Figaro, Le Parisien* et *Lyon-Mag*, Fabrice Arfi. À l'origine d'enquêtes qui boosteront le site (Sarkozy et le financement présumé de sa campagne présidentielle de 2007 par la Libye, affaire de la taxe carbone). Arfi, regard noir, barbe tout aussi noire, débit impeccable, un tantinet sentencieux, s'il a du talent, a lui aussi oublié d'être modeste. Un confrère manque toutefois à l'appel : celui qui fut votre chouchou, et qui vous fait faux bond. C'est Hervé Gattegno. Il ne croit pas à votre projet. Il ne rejoindra pas *Mediapart.* Vous êtes mécontent. Mais grâce à Marc Francelet, jadis photographe à *Paris Match*, introduit dans le monde de la politique et des médias, Gattegno a fait la connaissance de Franz-Olivier Giesbert, directeur du *Point.*

Celui-ci l'engage comme rédacteur en chef du service « Enquêtes » du magazine. Gattegno a de l'appétit. Il en veut beaucoup plus, notamment la direction de la rédaction. C'est non. Giesbert choisit un outsider, plus jeune, Étienne Gernelle.

Gattegno quitte ensuite l'hebdomadaire pour rejoindre *Vanity Fair*, dont l'édition française vient d'être lancée par Michel Denisot, où il publie des papiers sur l'affaire libyenne et Sarkozy, alors même que *Mediapart* révèle que, selon un document signé du patron des services secrets libyens, le colonel

Kadhafi, en 2007, aurait subventionné la campagne du candidat Sarkozy à hauteur de 50 millions d'euros, ce que ce dernier conteste. Les hostilités démarrent contre Gattegno. Lequel affirme que ce document est un faux. Au fil des semaines, il publie des articles qui exonèrent Nicolas Sarkozy. Vous, au contraire, publiez des papiers accablants pour l'ancien président de la République. C'est la guerre entre les deux confrères, qui ne communiquent plus que par des assignations devant les tribunaux !

Le projet *Mediapart* est désormais en bonne voie. Pour vous, le constat est clair, même si vous ne le dites pas à voix haute : votre projet prouve que les trotskistes savent développer des projets d'entreprise. Ils entretiennent des rapports décomplexés avec l'argent et le monde de la finance. En témoignent Max Théret, le fondateur de la FNAC avec André Essel, ainsi que Denis Kessler, un temps numéro 2 du Medef, patron de la SCOR, qui flirta avec le trotskisme, mais n'aimait guère qu'on le lui rappelle.

Citons encore Louis Dalmas de Polignac, fondateur de l'agence de photo Dalmas. Ce personnage hors norme, aristocrate et résistant, membre des FTP, sera l'un des premiers à interviewer le maréchal Tito pour *France-Soir*, au sortir de la guerre. Théret, Kessler, Dalmas, trois exemples qui prouvent que le trotskisme est une bonne école de management. Ne reste plus que l'essai soit transformé. À votre tour, cher Edwy !

Le couronnement

Printemps 2008. Les jours passent à une vitesse folle. L'angoisse s'accélère. Vous étiez le vice-roi au *Monde*, vous allez être roi à *Mediapart*.

Vous avez le temps de peaufiner quelques points. Parmi ceux-ci, la charte déontologique que vous avez rédigée en grande partie. Elle s'inspire de trois textes : la Charte des devoirs professionnels de 1918, la charte de Munich de 1971 et l'appel de la Colline de 2008. Quelques points forts : la relecture obligatoire des entretiens par la personne interviewée, l'interdiction de recevoir des cadeaux, le respect de la parité et de la diversité dans les contenus éditoriaux, l'interdiction des « ménages ». Enfin, chaque journaliste devra remplir, tous les ans, une déclaration d'intérêt, à l'image des pratiques en cours chez les élus et les hauts fonctionnaires. Les liens avec les entreprises, les noms de ceux qui emploient ou ont employé la personne, doivent notamment y figurer. J'ai consulté la déclaration d'intérêt de quelques-uns. Comme ça, pour voir ! Pas de souci : elles comportent toutes la mention « Néant ». Vous pouvez être tranquille. Vos journalistes sont sans reproche. Tant mieux. Mais je m'interroge : vous pensez vraiment que la déontologie peut se décréter ? Cette charte évitera-t-elle toute dérive ?

Nous verrons, avec le temps, si vos journalistes feront preuve d'un comportement impeccable.

Dimanche 16 mars 2008, 13 heures. Espace numérique du Salon du livre à Paris. Vous êtes présent avec Marie-Hélène Smiejan. Votre moustache semble blanchir à vue d'œil. Le site de *Mediapa*rt est lancé. Opérationnel. Il y a eu quelques bugs, le vendredi 14, lors des ultimes essais. Trois papiers font la une. Nicolas Sarkozy, dont vous détaillez le plan consacré à l'ISF, à la réforme de l'État et aux fonctionnaires. Sarkozy qui sera l'un de vos meilleurs, sinon le meilleur, clients, pendant plus de seize ans. Témoin, les nombreux articles – près de 200 – que vous avez consacrés à l'affaire libyenne. Sans compter le film, au succès incontestable, *On n'y comprend plus rien*, réalisé par Yannick Kergoat et écrit par les journalistes de *Mediapart*.

Sarkozy sera votre tête de Turc. Sur le plan judiciaire, quelques magistrats, même parmi ceux qui ne l'apprécient guère, admettent que les juges qui ont instruit les différents dossiers où apparaissait Nicolas Sarkozy n'y ont pas été de main morte, oubliant que leur « client », ancien président de la République, avait droit à quelques égards.

Deuxième papier : il est consacré au deuxième tour des élections municipales qui se sont tenues ce dimanche 16 mars. Le titre ? Purement factuel : « La gauche fait le plein, Gaudin garde Marseille. » Troisième papier, sous forme d'éditorial, intitulé : « *Mediapart*, un journal à nul autre pareil ».

Continuons de feuilleter votre journal en ce printemps 2008. Il faut attendre le 25 mars pour lire un papier un peu *punchy,* un papier qui corresponde à votre feuille de route et aux attentes de vos abonnés. Ce sont « les folles dépenses de Rachida Dati ». Train de vie élevé. Dépenses de traiteur excessives. Voyages à l'étranger trop fréquents. Tels sont les reproches faits à l'encontre de cette garde des Sceaux totalement atypique qui ose poser en talons aiguilles dans *Paris Match*. Un article comme on les aime, qui correspond à l'ADN de *Mediapart.* À en juger par le nombre de commentaires – 118 – des abonnés, votre article a séduit, à une ou deux exceptions près. Avec quelques réserves ironiques :

« J'espère que *Mediapart* ne va pas nous proposer des articles de ce type pour tous les ministères du gouvernement. Cela va devenir vite fatigant. »

Feuilletons encore quelques pages.

26 mai. La une porte sur un thème qui vous est cher, la police. Titre de l'article : « *Mediapart* révèle

le tableau de bord stratégique de la préfecture de police de Paris. » À l'origine de ce rapport, le préfet de police, Michel Gaudin, un fidèle du président Sarkozy. Ce document est un constat de l'activité policière. Avec une idée sous-jacente : démontrer la forte augmentation de la délinquance afin de se placer sur le terrain de la droite la plus répressive.

4 juin. La une est titrée : « Affaire Clearstream : le parquet épargne Dominique de Villepin. » Pour le procureur de Paris, Jean-Claude Marin, l'enquête ne permet pas de démontrer que l'ancien Premier ministre est étranger à la manipulation Clearstream. Aussi souhaite-t-il que les investigations se poursuivent. Après en avoir pris connaissance, il pourra, le cas échéant, réclamer un non-lieu pour Villepin. Qui sera d'ailleurs relaxé, quelques années plus tard.

8 juin. Toujours à la une de *Mediapart* : « Kerviel : ce que savait la Société générale. » L'article révèle que la banque n'a pas tenu compte des différentes alertes des contrôleurs financiers qui avaient découvert les dérives du trader Jérôme Kerviel. Dérives qui ont coûté 4,9 milliards d'euros.

Critique de la police, mise en cause du fonctionnement de l'État, du pouvoir et des élites (affaire Clearstream), scandales financiers décortiqués, gabegie dénoncée, probité bradée : tels sont les principaux terrains que vos journalistes aiment arpenter.

Mais, très vite, le militantisme reprend ses droits, avec le mouvement #MeToo, votre soutien à Tarik Ramadan, à la cause palestinienne…

Parcours chaotique

Pourtant, en ces premiers mois de fonctionnement du site, les résultats ne sont pas fameux. Les abonnements restent en deçà de vos espoirs. En 2010, deux ans après son lancement, le site a laborieusement atteint 20 000 abonnés, un nombre nettement inférieur aux prévisions et au seuil de rentabilité. Les caisses commencent à se vider. La direction s'inquiète. Surgit l'imprévisible : un miracle, l'enregistrement sauvage de tout ce qui se passe dans une famille richissime, dans un hôtel particulier à Neuilly. Un enregistrement réalisé par le majordome d'une vieille dame un peu perdue, dont la fille a le sentiment qu'elle se fait escroquer par une kyrielle d'amis ou de protégés. Elle sait aussi que sa mère, qui semble ne plus avoir toute sa tête, se montre généreuse envers certains hommes politiques. Elle veut en savoir davantage. La vieille dame s'appelle Liliane Bettencourt, actionnaire principale de L'Oréal, l'une des toutes premières fortunes de la planète, avec

97 milliards d'euros. Elle est la veuve d'un ancien ministre du général de Gaulle, André Bettencourt, proche également de François Mitterrand. Le couple a eu une fille, Françoise.

Cette dernière porte plainte pour abus de faiblesse, via son avocat, Olivier Metzner, qui comprend l'intérêt que l'on peut retirer de ces écoutes clandestines. Il propose les enregistrements au *Monde,* au *Nouvel Observateur*, qui les refusent : ces écoutes touchent à la vie privée. Elles pourraient tomber sous le coup de la loi. L'avocat vous les propose alors : vous jubilez. Pensez donc, tout un monde défile dans vos oreilles. Des artistes, des politiques, un gestionnaire de fortune. On parle impôts… pas déclarés. De conflit d'intérêts. On évoque une maison située dans une île lointaine. En écoutant les enregistrements se dégage un sentiment étrange. Et si Mme Bettencourt, handicapée par son grand âge, près de 90 ans, ne comprenait pas tout ? C'est l'impression qui domine dans l'esprit de ceux qui ont accès aux enregistrements.

Mais vous, vous comprenez vite. Ce monde où argent, politique, services rendus sont monnaie courante, si j'ose dire, vous le connaissez. Vous savez qu'à tout moment ce cocktail explosif peut faire quelques victimes. Mais l'information du lecteur est à ce prix, pensez-vous.

Un dossier livré clés en main

Vous n'hésitez pas une seconde : ces enregistrements feront la une de *Mediapart*. En quelques jours, vous récoltez quatre mille abonnements. Vous êtes sauvé, et l'affaire Bettencourt commence. Sous la plume de Fabrice Arfi et de Karl Laské, ce sera le feuilleton de l'été 2010. Pas un jour où vous ne sortez des infos. Vous ciblez surtout Sarkozy et Éric Woerth, le ministre du Budget. Une remarque : vous parlez d'une enquête, mais n'oubliez pas que ces enregistrements vous ont été livrés clés en main. On est loin de votre interview dans la revue *Esprit,* en décembre 1990, dans laquelle vous donniez une définition de l'enquête : « Une enquête, c'est du travail, de l'acharnement, un emploi du temps aléatoire, des fausses pistes à vérifier, des pièges à contourner, un mélange de séduction et de rapports de force, de chaud et de froid, au total une galère assez éreintante psychologiquement. Pourquoi ne sommes-nous qu'une dizaine à Paris, à nous défoncer, à chercher, à gratter ? »

Sur l'affaire Bettencourt, évoquons les deux cas emblématiques de cette histoire. Celui de Nicolas Sarkozy et de son ancien ministre du Budget, trésorier de sa campagne présidentielle de 2007, Éric Woerth. Le président était soupçonné d'avoir profité de l'état de faiblesse de Liliane Bettencourt et d'en avoir tiré des profits. Après une instruction agitée, il bénéficie d'un non-lieu.

Woerth était soupçonné de trafic d'influence. En l'espèce, d'avoir fait obtenir la Légion d'honneur au patron de Clymène, société de gestion de patrimoine, à titre de remerciement pour l'embauche de son épouse. Il était également soupçonné de s'être fait aider financièrement en tant que trésorier de la campagne de Nicolas Sarkozy.

Woerth bénéficiera de deux relaxes, sur le volet trafic d'influence, et sur l'abus de faiblesse. Pourtant, *Mediapart* ne lâche pas l'affaire ! Vous voilà embarqué dans un nouveau rôle : désormais, vous vous érigez en juge du juge.

Cette décision vous rend furax. François Bonnet, directeur éditorial du site, écrit : « Cette double relaxe montre une fois de plus que la justice est bien à l'image de notre démocratie. Profondément malade. » Le tout assorti de références à des affaires – Kerviel, EADS, Zyed Benna ou Coupat – qui n'ont aucun rapport, mais qui, pour Bonnet, sont autant de preuves « que la justice française, cette machine à blanchir », participe « à l'affaissement des valeurs, de l'éthique, de la vertu publique [...]. L'affaire vient synthétiser tous ces dysfonctionnements, petitesses et conservatismes, dont se dégage pourtant une tendance : briser les faibles, sauver les puissants ». Dans cette affaire Bettencourt, François Bonnet se place sur le terrain de la morale et non du droit. Il oublie que, dans notre procédure pénale, inquisitoriale, c'est à l'accusation de prouver la faute. Lorsque ni le juge ni le tribunal n'y parviennent, c'est le non-lieu ou la relaxe. Mais vous, vous n'hésitez pas à critiquer une décision de justice quand elle vous déplaît, et à rendre hommage à une décision quand elle va dans votre sens.

Plaidoyer pour Villepin ?

Autre dossier emblématique des pratiques de *Mediapart*, Clearstream, du nom d'une chambre de compensation luxembourgeoise qui aurait permis à des personnalités françaises de pratiquer du blanchiment d'argent. C'est la fameuse histoire du listing tronqué qui, dans les années 2006-2008, envenime les relations entre Nicolas Sarkozy et Dominique de Villepin. Le premier soupçonne le second d'être à l'origine d'un montage au but à peine dissimulé : démontrer que Sarkozy détient un compte illicite à l'étranger. L'instruction de cette affaire vous concerne au premier chef, cher Edwy, puisque votre nom figurait dans ce listing, parmi huit cent cinquante autres, notons-le toutefois. Un vrai Who's Who, avec notamment, outre Nicolas Sarkozy, Dominique Strauss-Kahn, Jean-Pierre Chevènement, une chanteuse populaire, parmi bien d'autres personnalités. Mais, surtout, une incroyable manipulation, dont les tenants et les aboutissants n'ont d'ailleurs pas été totalement éclaircis. Comme vous vous étiez constitué partie civile, vous participez en première ligne aux débats. Et là, étonnement : vous prenez fait et cause pour Villepin, alors dans le viseur de la justice. Qu'avez-vous donc déclaré, ce 28 septembre 2009, lorsque vous êtes interrogé par les juges d'instruction ? Morceaux choisis : « Il me paraît que Dominique de Villepin n'est ni l'organisateur, ni le commanditaire de la calomnie dont j'ai été l'objet. » Ou encore : « Il apparaît que l'ancien Premier ministre est de bonne foi lorsqu'il dit avoir ignoré jusqu'en 2004 que les listings étaient des faux. » Cette certitude enfin : « Ce que je dis, c'est que l'État est responsable et qu'il y a eu un dysfonctionnement grave. Ce qui est ici reproché à Villepin peut l'être à l'État dans son ensemble. En 2004, des hauts fonctionnaires, des hauts responsables du renseignement, des ministres savaient que des listings circulaient, mais personne n'a informé la justice. »

Les journalistes qui ont eu vent de votre audition n'en reviennent pas. Ainsi donc le journaliste Edwy Plenel serait désormais avocat d'un homme politique appartenant au camp adverse. Florilège :

Le Monde : « Dominique de Villepin s'est trouvé un cinquième avocat en la personne d'Edwy Plenel. » *L'Express* : « Au passage, Plenel innocente à sa façon l'ennemi de Nicolas Sarkozy, Dominique de Villepin. » *Le Figaro :* « Le journaliste [Edwy Plenel] joue, lui, les hyper avocats, se lançant dans une défense fougueuse de deux prévenus : son confrère Denis Robert, à l'origine des révélations et pourfendeur de la corruption, et Dominique de Villepin. »

Si, dans l'affaire Bettencourt, j'ai eu l'impression que vous vous étiez érigé en juge du juge, dans le dossier Clearstream on peut avoir le sentiment que vous vous érigiez en juge de la procédure. Avec une nette préférence pour Villepin, et une défiance caractérisée à l'égard du procureur Marin, que vous estimiez proche de Sarkozy. Pour être précis, en réclamant un non-lieu pour Dominique de Villepin, ne vouliez-vous pas déstabiliser le procureur et Paris pour le pousser à se démettre de ses fonctions, et vous débarrasser ainsi de lui ? En espérant que son successeur soit plus compréhensif. Était-ce votre rôle ? Ne tentez-vous pas de vous substituer à l'autorité judiciaire ?

Un socialiste dans la ligne de mire

Une troisième affaire illustre votre volonté de peser sur la justice : Cahuzac. Un véritable tsunami. *Mediapart* révèle, le 4 décembre 2012, sous la signature de Fabrice Arfi, que le ministre du Budget de François Hollande, Jérôme Cahuzac, serait un fraudeur : il aurait caché, pendant des années, qu'il détenait un compte en Suisse, à l'UBS, à hauteur de 600 000 euros. Un compte ouvert dès les années quatre-vingt-dix, puis fermé en 2010, date à laquelle le magot aurait été discrètement transféré à Singapour. Bref, Bercy compte, en son sein, un pompier pyromane ! Ce 4 décembre, en guise de démonstration, *Mediapart* s'appuie sur un rapport de 2008 d'un inspecteur des impôts, Rémy Garnier, laissant entendre que le ministre du Budget posséderait donc un compte en Suisse. Garnier aurait alerté sa hiérarchie des soupçons pesant sur Cahuzac. Le lendemain, 5 décembre, *Mediapart* met en ligne l'enregistrement d'un message téléphonique dans lequel

Cahuzac fait allusion à ce compte. Il croit s'adresser à son gestionnaire de fortune, mais se trompe de numéro et laisse le message à son rival politique dans le Lot-et-Garonne ! L'enregistrement arrive à la rédaction de *Mediapart*.

Du côté du ministre du Budget, la réaction est immédiate : il porte plainte en diffamation contre *Mediapart*. Vingt-quatre heures plus tard, l'inspecteur des impôts revient sur ses déclarations et n'exclut pas que le ministre soit innocent. En tout cas, il reconnaît s'être trompé en lui ayant attribué des biens à La Baule et à Marrakech… Votre scoop, cher Plenel, aurait-il du plomb dans l'aile ? Le 20 décembre, Cahuzac porte à nouveau plainte avec constitution de partie civile pour diffamation. C'est la certitude qu'il y aura une information judiciaire.

Un trou dans le gruyère suisse

Du côté de la presse, on s'interroge. On doute. Que *Mediapart* apporte des preuves de l'existence de ce fameux compte suisse ! Jean-Michel Aphatie, de RTL, tente de lancer la curée. Dans un tweet daté du 9 décembre 2012, il invective : « Si Cahuzac a un compte en Suisse, il est indigne d'être ministre. En cachant ses preuves, *Mediapart* est complice de son maintien. » Le 14, nouveau tweet : « Incroyable. Un ministre aurait un compte en Suisse et personne n'en parle ce matin. Un complot ? » Quelques jours plus tard, l'ironie d'Aphatie repart de plus belle : « L'existence de Dieu ? Pas de preuves. Le compte suisse de Cahuzac ? Pas de preuves. Réfléchissons aux grands mystères de notre vie. » À *Mediapart*, Arfi n'est pas dans une forme étincelante. Et s'il s'était planté ? *Le Canard enchaîné* s'y met aussi : il publie un article astucieusement intitulé « Cahuzac, entre vaudeville et affaire d'État ». Et laisse entendre que toute cette histoire trouve son explication dans les déboires matrimoniaux du ministre du Budget. En somme, il serait victime de son épouse, chirurgien comme lui, qui balancerait à la presse la possible infidélité de son tendre époux. Cette fois, on passe à la comédie de boulevard. Mais aussi, phénomène nouveau, on se met à enquêter sur Fabrice Arfi, en lâchant quelques boules puantes à son endroit. Procédé détestable.

De fait, de compte en Suisse caché, il n'y en aurait point. C'est ce qui résulterait d'une initiative du ministre de l'Économie, Pierre Moscovici, qui avait sollicité, le 23 janvier 2013, les autorités suisses pour qu'elles lui disent si oui ou non Cahuzac a détenu un compte en Suisse. Quinze jours plus tard, la réponse arrive. M. Cahuzac est nickel. Il n'a jamais détenu de compte en territoire helvète. Sauf que l'enquête réclamée par Bercy portait sur la période 2006-2012. À cette époque, Cahuzac avait transféré ses avoirs à Singapour depuis six ans.

Le 10 février, le *JDD* relaye la nouvelle. Sale coup pour *Mediapart.* Aphatie revient à la charge, toujours ironique. Le 10 février, son tweet : « Le *JDD* raconte n'importe quoi. Vite, *Mediapart*, des preuves et des témoins. » Le 13 mars : « Trois mois après l'enquête de *Mediapart,* nous ne savons toujours pas si Cahuzac a eu ou pas un compte en Suisse. C'est dire si l'enquête était bonne », ironise Jean-Michel Apathie.

Entre-temps, cher Edwy, vous avez décidé de vous activer. Vous en avez assez des sous-entendus sur la qualité du travail de *Mediapart*. Vous irez jusqu'au bout pour que l'on sache une fois pour toutes si l'enquête sur l'ancien ministre du Budget était solide. Le 27 décembre 2012, dans une lettre de deux pages, adressée au procureur de Paris, François Molins, vous lui enjoignez de diligenter une enquête judiciaire pour que l'on sache, une fois pour toutes, si Jérôme Cahuzac a bien détenu un compte à l'UBS de Genève. Seule façon, à vos yeux, pour qu'éclate la vérité.

Cette demande est une première. Elle témoigne de vos doutes sur ce fameux compte suisse – lesquels ébranlent les fondements du journal. N'avez-vous pas fait preuve d'une certaine légèreté en publiant le papier du 4 décembre 2012 ? Avez-vous tenté un coup de bluff ?

Quoi qu'il en soit, vous vous êtes transformé, de fait, en auxiliaire de justice, au risque de vous retrouver instrumentalisé dans un règlement de comptes politique. Cette interférence entre presse, justice et pouvoir est dangereuse. Elle place le juge dans un état de dépendance nuisible. En effet, le procureur de Paris vous a cependant suivi, dès le 8 janvier 2013, en diligentant d'abord une enquête préliminaire pour blanchiment de fraude fiscale, puis une information judiciaire le 19 mars. Les enquêteurs concluent, après expertise, que l'enregistrement que vous leur avez transmis est vraisemblablement celui de la voix de Jérôme Cahuzac. Le 2 avril, *Le Canard enchaîné* révèle que Cahuzac a pris rendez-vous avec les deux juges chargés de l'instruction, Renaud Van Ruymbeke et Roger Le Loire. Vous que l'on accusait presque d'avoir produit un faux, vous respirez. Fabrice Arfi également. Cahuzac reconnaît avoir menti. Il démissionne, et sera condamné.

Le droit a gagné, mais l'éthique et la morale, pas forcément. Au fond, l'ex-député du Lot-et-Garonne n'en a cure. Vous avez eu chaud.

Le juge et le journaliste

Après cette victoire à la Pyrrhus, il faut le dire, François Hollande, président de la République, sonné par le mensonge de son ministre du Budget, mensonge qui décrédibilise l'ensemble de la classe politique, réagit. Il décide de renforcer la lutte contre la grande fraude internationale et les malversations de grande ampleur. Il crée en 2013 le Parquet national financier, désormais compétent en matière de grande fraude internationale. En 2019 survient la création d'un parquet national antiterroriste. Et demain ? Avec la création envisagée d'un parquet destiné à lutter contre les agressions sexuelles, ou d'un parquet anti-trafic de drogue, que lui restera-t-il ? Les chiens perdus, les problèmes de voisinage ? N'est-il pas anormal de dépouiller le plus important parquet de France de ses prérogatives ?

Vous avez pourtant applaudi à la création du PNF, réponse au scandale Cahuzac, bien que son fonctionnement ait très vite soulevé des interrogations. Notamment lors de l'affaire Fillon, quand beaucoup de commentateurs se sont étonnés de la diligence de sa cheffe, Éliane Houlette, à ouvrir une enquête préliminaire sur l'ancien Premier ministre et son épouse Pénélope, douze heures à peine après la sortie du *Canard enchaîné*... Très vite les critiques se sont abattues sur le PNF, jusqu'à sa cheffe, qui sera mise en cause à Marseille pour des soupçons de trafic d'influence. Qui n'auront aucune suite. Vous avec relayé dans *Mediapart*, là encore très vite, ces accusations. Éliane Houlette, blanchie par le Conseil supérieur de la magistrature, a poursuivi *Mediapart* pour diffamation. Vous avez été reconnu coupable, mais relaxé pour excuse de bonne foi. Preuve que dans ce pays, contrairement à ce qu'on entend ici et là, la presse n'est pas muselée.

Il y a une quarantaine d'années, le PS et le RPR, les deux partis qui gouvernaient en alternance, ont été pris dans le tourbillon des affaires. Des lois ont été votées, soit pour pardonner les fautes de nos élus, soit pour édicter des règles permettant d'éviter des rechutes. Les juges ont commencé à prendre le pouvoir. Les journalistes, vous, moi, d'autres, ont sorti des informations inédites, preuve que la République était bien malade. La judiciarisation de la vie politique est largement avancée. À tel point que les articles ressemblent désormais à des procès-verbaux ou à des réquisitoires, simplement rédigés d'une plume moins guindée. D'où ces questions : quelles sont les limites que doit se fixer un journaliste lorsqu'il révèle des faits éventuellement délictueux, mais qui ne font l'objet d'aucune poursuite judiciaire ? S'il n'écrit rien, il sera soupçonné de ne pas faire correctement son métier, voire de se montrer partial ou complaisant. S'il écrit un papier, il risque de porter un grave préjudice à la personne mise en cause, préjudice d'autant plus grand qu'elle n'a pas été jugée coupable par un tribunal. Un dilemme qui reste bien difficile à trancher. Mais pas pour vous, manifestement.

VIII

LIAISONS DANGEREUSES

Jeu de massacre

En plus de dix-sept ans d'existence, vous vous êtes installé dans le paysage de la presse numérique et de la presse tout court. Le grand public vous a découvert. Vous aviez pour ambition de lancer un journal payant, sans publicité. Pari réussi. Aujourd'hui, votre nombre d'abonnés est supérieur à 220 000. Vous proposez à vos lecteurs trois éditions, en français, en anglais et en espagnol. Vous-même, cher Edwy, vous écrivez dans un blog intitulé « Parti pris ».

Malgré les critiques parfois virulentes de vos adversaires, vous continuez à investiguer tous les domaines. À mettre au jour des scandales, à regarder là où personne n'a envie de voir. Vous vous mettez à dos l'establishment. Cela vous est égal. Votre credo, immuable : la transparence. Pour vous et les journalistes de *Mediapart*, la curiosité n'est pas un vilain défaut. Au contraire, elle rime avec démocratie. Je me permets de faire une restriction. Il me semble qu'il vous arrive parfois (excès de confiance ?) de prendre quelques libertés avec la présomption d'innocence. Je vais tenter de vous le démontrer dans le chapitre qui suit.

Ainsi, dans l'affaire Dussopt, l'ancien ministre du Travail (ex-PS) d'Élisabeth Borne, vous n'y êtes pas allé de main morte, avant qu'il ne soit relaxé – en attente d'un appel, toutefois. Les accusations portées contre Olivier Dussopt, que *Mediapart* a révélées, sont simples : avoir favorisé, en 2009, en tant que maire d'Annonay (Ardèche), la SAUR, l'un des géants français de la gestion de l'eau, et s'être fait offrir, en contrepartie, deux lithographies de Gérard Garouste d'une valeur de 2 000 euros. Des faits jadis banals, souvent reprochés aux édiles de l'Hexagone, pour lesquels les marchés de l'eau étaient souvent des affaires juteuses. Dans un premier temps, l'édile affirmera avoir restitué les œuvres. Dans un second, il demandera au déontologue de l'Assemblée nationale s'il avait commis une faute en ne déclarant pas ces cadeaux ; toute libéralité supérieure à 150 euros doit en effet être déclarée. Selon l'enquête que *Mediapart* a publiée en s'appuyant sur des informations émanant au plus près du dossier d'instruction, Olivier Dussopt était ficelé. Les différents articles publiés par votre journal accréditent tous le sentiment que l'ancien maire d'Annonay a fait preuve de légèreté. Vous n'êtes pas obsédé par la présomption d'innocence. Jugez plutôt. Le 20 mai 2020, parution d'un papier titré : « L'art des affaires du ministre Dussopt » ; le 11 juin 2020, « Un ministre sous enquête judiciaire pour corruption » ; le 3 février 2023, « Olivier Dussopt menacé d'un procès dans une affaire de marché truqué » ; le 6 février 2023, « Affaire Dussopt : le document qui ruine la défense du ministre » ; le 8 février 2023, « La réalité des faits face au fantasme du complot » ; le 9 février 2023, « Affaire Dussopt : l'Élysée dément une phrase complotiste attribuée à Emmanuel Macron » ; le 2 juin 2023, « Le procès du ministre Olivier Dussopt pour "favoritisme" se tiendra en novembre » ; le 26 novembre 2023, « Le procès Dussopt : un ministre en eaux troubles » ; le 27 novembre 2023, « Le ministre Dussopt confronté à des documents gênants au premier jour de son procès » ; le 28 novembre 2023, « Procès Dussopt : la SAUR fait bloc autour du ministre » ; le 29 novembre 2023, « Affaire Dussopt : le PNF dénonce les pratiques qui "dégradent la confiance" avec les citoyens ».

Dussopt, relaxé puis condamné

Incontestablement, de ces articles, très complets, se dégage une atmosphère qui ne laisse guère de doute : l'ancien édile a commis une faute. Oubliée, la présomption d'innocence ! Même si de façon un peu tortueuse vous en rappelez fortement l'importance dans vos papiers. Le lecteur en est certain : Dussopt va être condamné. Or, surprise, le 17 janvier 2024, l'ancien ministre du Travail est relaxé des faits de favoritisme, alors que les deux représentants du parquet avaient requis, le 29 novembre 2023, dix mois de prison avec sursis et 15 000 euros d'amende. Le tribunal judiciaire de Paris a en effet estimé que l'ancien maire d'Annonay n'avait fourni aucune information privilégiée à la direction générale de la SAUR. Donc, pas d'infraction. Aujourd'hui, Dussopt a abandonné la vie politique. Était-ce votre objectif ? Aurait-il renoncé s'il n'y avait pas eu les articles de *Mediapart ?* Lui seul le sait. En revanche, il est clair que les nuits houleuses, la tempête qu'a dû affronter le ministre à l'Assemblée nationale, la calomnie et les insultes lors du débat sur les retraites l'ont lessivé. Et ont contribué à son retrait de la vie politique.

Dussopt est relaxé, on l'a vu, au début 2024. Le mal est fait. L'opinion n'en démord pas : il est coupable. Témoin, les 107 commentaires rédigés par vos lecteurs. Quelques exemples. On lit pêle-mêle : 1 – « *Ce pays me fout la honte* » ; 2 – « *Espérons que le jugement sera rendu public pour y voir clair et que le parquet fera appel* » ; 3 – « *De toute manière, Dussopt est déjà prisonnier de sa conscience véreuse pour avoir trahi ses idéaux* » ; 4 – « *Jolie république bananière exemplaire* » ; 5 – « *La corruption est consubstantielle des élites françaises* » ; 6 – « *Comme disait Coluche, il y a l'avocat qui connaît le droit, et celui qui connaît le juge* », etc.

Un an plus tard, le 7 février 2025, l'ancien maire d'Annonay tombe de haut : il est condamné à 15 000 euros d'amende, dont 10 000 avec sursis. Bien sûr, un pourvoi en cassation est toujours possible. Mais tout cela prouve, une fois encore, que le temps judiciaire n'est pas le temps médiatique. Qu'en pensez-vous ?

Parité

Arrêtons-nous sur deux autres affaires que *Mediapart* a largement documentées. Toutes deux, à l'inverse du cas Dussopt, n'ont pas débouché sur des poursuites pénales. Elles ont mis en cause l'éthique et ont eu, pour bon nombre de lecteurs, elles aussi, un parfum d'acharnement.

La première affaire a trait à Amélie Oudéa-Castéra. Cet ex-espoir du tennis français, énarque, épouse de l'ancien patron de la Société générale, a, selon *Mediapart*, multiplié les maladresses et les omissions lorsqu'elle cumulait les fonctions de ministre de l'Éducation nationale, des Sports et des Jeux olympiques. La communauté éducative a été choquée. Ainsi, lorsqu'elle affirme ne connaître aucun harcèlement au collège Stanislas, la crème de l'enseignement privé, situé à deux pas du Luxembourg. La ministre tentait de défendre « Stan », où étaient inscrits ses enfants ; « Stan », qui accueille aussi des fils et filles de nombreuses personnalités, y compris de gauche… Vous ne l'avez pas lâchée, la ministre ! Bien sûr, les raisons étaient nombreuses. Il y avait effectivement de quoi être abasourdi quand, le 15 novembre 2023, devant une commission d'enquête parlementaire, elle estimait, sans rire, que sa rémunération annuelle à la Fédération française de tennis, 500 000 euros, en tant que directrice générale, n'avait rien d'abusif… ! Écoutez sa réponse à Sabrina Sebaihi, députée EELV des Hauts-de-Seine, rapporteure de la commission d'enquête parlementaire sur le fonctionnement des fédérations sportives, qui l'interroge sur ce sujet. Édifiant : « Je comprends qu'elle puisse paraître élevée par rapport aux standards de vie des Français et de rémunération dans le sport. Peu de fédérations peuvent se permettre de proposer de telles rémunérations. La Fédération française de tennis peut le faire grâce à son modèle économique et à la manne de Roland-Garros […]. » Suit le meilleur. Ou le plus ahurissant : « L'argent, poursuit la ministre, n'a jamais été mon moteur. En entrant au gouvernement, ma rémunération a encore une fois fortement diminué, mais ma boussole est l'investissement que je mets dans cette fonction passionnante. »

Quelle maladresse, évidemment. Mais, pour autant, pas un jour où *Mediapart* ne la tourne en ridicule, jusqu'à lui faire rendre gorge. Au fil des jours, Amélie Oudéa-Castéra vacille. Déstabilisée, livide, elle tente de tenir bon. Mais elle déprime de plus en plus, et les articles ne s'arrêtent pas. Ne souriez pas : « Il y a des mots qui peuvent tuer », avait lancé Laurent Fabius, renvoyé devant la Cour de justice de la République dans l'affaire du sang contaminé. Lui aussi sera blanchi. Mais il n'a pas oublié le lynchage médiatique qu'il a eu à subir lorsque certains journalistes le traitaient d'assassin.

Frais de bouche

Un peu plus tôt, vous vous étiez lancé sur une autre affaire. Et François de Rugy, le ministre de la Transition écologique, pris dans vos filets, a dû, comme Amélie Oudéa-Castéra, plier bagage. Sa faute ? Avoir régalé, sur les deniers publics, lorsqu'il était président de l'Assemblée nationale, des convives avec quelques homards et des grands crus directement issus des caves du Palais Bourbon. Selon les soirs, les convives avaient droit à du Cheval Blanc (550 euros la bouteille), du Château Yquem 1999 (265 euros) ou encore du Château Margaux 2003 (200 euros). Ces dîners, dignes de dîners d'État, qui se sont déroulés à l'hôtel de Lassay durant les années 2017-2018, ont suscité gêne et indignation du personnel de l'Assemblée, contraint, souvent, de quitter le service après minuit. Ils ressemblaient à des bamboches de luxe, où se pressaient journalistes, communicants en tout genre, réalisateurs et même, comme *Mediapart* l'a souligné, écrivains de seconde zone.

Pendant tout le mois de juillet 2019, votre site a multiplié les révélations, mettant les rieurs de son côté. Le président de la République n'en était pas. Ulcéré par vos papiers sur François de Rugy, il est sorti du bois, répliquant sur le même ton martial que ses prédécesseurs, François Mitterrand, Jacques Chirac, Nicolas Sarkozy. Le chef de l'État a dénoncé « la chasse à l'homme » dont a été victime François de Rugy. « Il y a encore, dans notre pays, a-t-il poursuivi, le respect de la personne individuelle, des droits de la défense, et de la possibilité de répondre, sinon, ça devient la République de la délation. » Avant d'ajouter : « Il suffit que je sorte une photographie, dise "des choses" sur vous, sur n'importe qui, ça devient les "dix petits nègres", en référence au roman d'Agatha Christie. À chaque affaire révélée depuis des lustres, par la presse ou votre site, la même équation se pose : comment une entreprise de presse doit-elle exercer sa liberté d'informer, sans abîmer la personne mise en cause ? »

Pour François de Rugy, ce mois de juillet a pris les allures d'un calvaire. Sa seule ligne de défense sera d'avouer qu'il ne mangeait jamais de homard, étant allergique aux crustacés ! Il finit par démissionner, le 16 juillet 2019, de son poste de ministre de la Transition écologique. Il pensait avoir la paix. Erreur. *Mediapart* publie de nouvelles révélations. Cette fois, l'ancien président de l'Assemblée nationale est soupçonné d'avoir utilisé son indemnité de frais de mandat (environ 5 000 euros) à des fins personnelles. Le chemin de croix se poursuit. Entre-temps, il a remboursé l'Assemblée pour les homards généreusement offerts à ses convives. Fin de l'histoire. Bien sûr, ces pratiques sont inacceptables de la part des élus, et François de Rugy n'est que le symptôme d'une République de moins en moins populaire. Mais cet acharnement haineux n'est pas non plus à l'honneur de la presse, qui met le feu aux poudres. Témoin, le nombre de commentaires (794) écrits par vos lecteurs en réaction à l'article, publié le 10 juillet 2019, intitulé « La vie de château sur fonds publics des époux de Rugy ». En voici quelques échantillons : 1 – « *Il y a quelque chose de pourri dans le royaume de la LREM* » ; 2 – « *Juste une bande de voyous* » ; 3 – « *Allez, plus que deux ans et demi à supporter ces nuisibles cupides qu'il va falloir absolument dégager* » ; 4 – « *Il ne faudrait pas que le Rugy soit l'arbre qui cache la forêt. Peut-on obtenir des chiffres sur les dépenses de la Cour à l'Assemblée nationale et au Sénat ?* »

Vous avez consacré, en juillet 2019, 16 articles à l'affaire Rugy. Il en a été meurtri, on le comprend. Tellement qu'il vous a intenté des procès en diffamation. Vous les avez gagnés. Il est vrai que, interrogé par la presse, il avançait pour sa défense des arguments qui frisaient le ridicule. Ainsi, lorsqu'il affirme que vous avez tripatouillé les photos des homards pour les rendre encore plus crédibles. Ainsi, quand il dénonce les pressions que vous auriez exercées sur certains confrères afin qu'ils freinent leurs ardeurs. Bien sûr, dans votre traitement des dérapages de l'ancien président de l'Assemblée nationale, vous avez été au plus près de la réalité. Avez-vous pour autant respecté la présomption d'innocence ? La simple lecture des titres de vos papiers interroge, et *Mediapart* sera accusé de basculer dans la presse à scandale. Les commentaires au sujet de cette affaire devraient vous interroger. Ils dégagent, à quelques exceptions près, un parfum poujadiste. Un air de « tous pourris » qui nourrit l'extrême droite. Or, vous revendiquez, à juste titre, de concourir au rétablissement de la vertu, du talent, du droit de savoir, pour sauver notre démocratie… Êtes-vous sûr d'y parvenir ?

Mais sans doute vous targuez-vous d'avoir fait évoluer les consciences, et le droit. La garde des Sceaux, Nicole Belloubet, a ainsi proposé une loi de moralisation de la vie publique. C'en serait fini de la corruption, des tripatouillages, des passe-droits… Une dizaine de ministres ont dû démissionner pour avoir manqué aux règles de probité. Et effectivement, pour bon nombre d'entre eux, ce sont vos révélations qui en sont la cause, ne tolérant aucune dérive de la part des élus. Des députés (généralement des nouveaux élus) se sont laissés aller à des dérives. Avec parfois des dossiers presque cocasses, que vous avez régulièrement évoqués dans *Mediapart*. Ainsi cette députée qui faisait payer les visites qu'elle organisait, via son agence de voyages, à ses électeurs. Ou son collègue qui, ayant interdiction de recruter, de par la loi Belloubet, sa femme comme attachée parlementaire, a divorcé pour pouvoir la garder comme collaboratrice !

IX

POLICE DES MŒURS

Je voudrais maintenant aborder un phénomène qui touche le monde entier depuis près de dix ans. Ce phénomène, c'est #MeToo, qui a permis à des millions de femmes sur terre, de dénoncer les violences et agressions sexuelles dont elles ont été victimes. Et de franchir les portes d'un palais de justice pour déposer plainte.

Le tsunami #MeToo

Tous les secteurs sont concernés : armées, spectacle, entreprises, politique, sport, journalisme, etc. Et j'en oublie. Vous-même à *Mediapart*, vous avez été en flèche dans le mouvement. Je n'ai pas oublié le témoignage de ces vingt femmes relatant les agressions sexuelles, les viols, que Patrick Poivre d'Arvor leur aurait fait subir. Mais que l'intéressé conteste, précisons-le. Je n'ai pas oublié Adèle Haenel, victime d'agressions sexuelles alors qu'elle était toute jeune, protestant bruyamment contre le César d'honneur attribué à Polanski. Je n'ai pas oublié la grande enquête sur la souffrance de l'actrice proche des mouvements anticapitalistes et décoloniaux, et comme vous, voire un peu plus, révolutionnaire intransigeante. (Son agresseur, le réalisateur Christophe Ruggia, a été condamné le 6 février 2025 à quatre ans de prison, dont deux ferme.) Il a fait appel, toutefois.

Je n'ai pas davantage oublié Judith Godrèche, intervenant à l'Assemblée nationale ou à la quarante-neuvième cérémonie des Césars, devant ses confrères et consœurs, pour dénoncer ses agresseurs, Jacques Doillon et Benoît Jacquot… Qui contestent également la qualification de ce qui leur est reproché.

J'entends encore Godrèche qui, en quelques minutes, met le monde du cinéma face à ses responsabilités. Un discours sobre, sans haine, vrai. Forcément vrai, dans une atmosphère polaire.

Coucher pour obtenir un rôle ! Unique perspective pour réussir ! Combien de jeunes actrices ont été contraintes d'accepter ce marché sordide ? Combien de producteurs, de metteurs en scène ont fait de telles propositions ? Des centaines et des centaines, sans doute. En silence. Sans jamais saisir la justice.

À l'évidence, #MeToo pose des questions. Les PPDA, Depardieu, Jacquot, Doillon, Gérard Miller, Abad, s'ils sont poursuivis, n'ont toujours pas été jugés à l'heure où j'écris ces lignes. Et ils doivent bénéficier de la présomption d'innocence, même si celle-ci paraît bien fragile désormais ! Le tribunal populaire, créé pour la circonstance, les a exécutés, avant que le tribunal de la République n'ait statué, au nom du peuple français. La messe est dite : Poivre d'Arvor n'apparaîtra plus jamais à la télévision. Depardieu ne tournera vraisemblablement plus jamais, tout comme Jacquot et Doillon. Pas plus que Gérard Miller ne recevra des patients dans son antre située près de la Nation. Et Damien Abad ne pourra plus jamais se présenter aux suffrages des électeurs.

(Présumé) coupable

Un mot encore sur cette présomption d'innocence. Certains s'en moquent, considérant que tout individu est coupable dès lors qu'il est dénoncé. Et pour toujours ! Ils ont inventé la culpabilité perpétuelle ! Mais l'arbitraire, et donc l'injustice, menacent. Le comique Ary Abitan nous le rappelle. Il y a quatre ans, les journalistes lui règlent son compte. De quelle façon ! Une plainte pour viol est déposée par une de ses amies. Affaire conclue, avant même d'avoir commencé, par une justice expéditive. Et aujourd'hui, Abitan est toujours coupable, alors même qu'il a été définitivement blanchi par la justice. Il sort le moins possible. Cet été, il se produisait au casino de Deauville. Son nom était bien mentionné sur l'affiche, mais en tout petits caractères, à côté d'autres artistes. Et que dire du sort réservé au musicien Ibrahim Maalouf ? Il y a quatre ans, il est relaxé pour agression sexuelle à l'égard d'une jeune fille de 13 ans. Innocenté définitivement.

Pas pour la directrice du Festival du film américain de Deauville : elle n'a pas souhaité, en septembre 2024, que l'artiste fasse partie du jury du Festival. Pas de vagues ! Maïwenn, elle aussi, a été éjectée ! Trop féministe sans doute, ou pas assez, selon les points de vue ! Aucun des membres du jury ne lèvera le petit doigt pour dénoncer ces exclusions scandaleuses.

Tout le monde y passe. Adrien Quatennens, ancien député du Nord de La France insoumise, contraint de s'expliquer sur ses relations houleuses avec sa compagne. Certains de ses collègues, comme la députée écologiste-suffragette Sandrine Rousseau, le poursuivant de leur vindicte. Cette dernière est allée jusqu'à s'abriter derrière une enquête journalistique condamnant Quatennens ! À quoi servent les juges d'instruction, alors ? Que dire encore des déboires de Jean-Jacques Bourdin, viré de RMC pour avoir prétendument tenté d'embrasser, dans une piscine, une de ses consœurs. Attention, danger : quand la dénonciation remplace le jugement, nous arrivons aux portes d'un régime totalitaire, ou à tout le moins au bord d'un nouveau maccarthysme, avec son système de délation généralisée.

Aveuglement

Si vous qui démarrez en flèche au moindre soupçon de scandale, vous détournez parfois pudiquement le regard sur des faits autrement plus graves et parfaitement avérés, quand vous êtes attaché à la cause que défendent leurs auteurs.

Vous avez écrit un livre remarqué, *Pour les musulmans* (La Découverte, 2014), salué par la critique, mais aussi par les citoyens, notamment ceux qui votent plutôt à gauche – très à gauche – et qui défendent la cause palestinienne – ce qui n'est pas un reproche, on l'aura compris. Votre thèse, si je ne la déforme pas, est la suivante : les musulmans, brimés, exploités pendant des siècles, font l'objet d'un ostracisme infondé. D'une haine idiote : nous sommes victimes de nos peurs. Sans aucune raison. Dans leur immense majorité, ils adhèrent aux valeurs de la République, avec sa devise Liberté-Égalité-Fraternité. Quelle bêtise de penser que derrière chaque musulman se trouve un islamiste ou un terroriste ! Nous sommes au pays de Descartes, mais l'irrationnel l'emporte parfois sur le rationnel. Reprenons nos esprits !

À dire vrai, « pour », « contre », « avec », « au milieu », ce n'est pas un sujet. L'important, c'est la réalité, et à cet égard je me réserve le droit de dire que la civilisation arabo-musulmane, si rayonnante au Moyen Âge, s'est aujourd'hui figée dans un archaïsme désolant.

Lorsque j'évoque les dérives d'une partie de la communauté musulmane de France, j'ai le droit de m'inquiéter, quand les sondages révèlent qu'une majorité de jeunes musulmans considèrent la charia comme supérieure aux lois de la République. Nous avons le droit de désapprouver les imams qui prônent un islam politique. Qui condamnent, avec trop de mollesse, les attentats qui frappent notre pays. Je peux aussi être ravagé quand deux professeurs, Samuel Paty et Dominique Bernard, sont assassinés par des fanatiques, au nom de l'islam…

Attention, je ne confonds pas tout. Il est légitime de discuter, d'échanger sur l'islam, dont la grandeur est aujourd'hui masquée. Mais cette défense systématique de l'islam dont vous avez fait votre cheval de bataille, cher Edwy, vous conduit à vous égarer.

Je pense à Tariq Ramadan, l'islamologue bien connu.

Frère Tariq

Voix suave reconnaissable, phrasé doucereux, regard enveloppant, sourire un tantinet énigmatique, il connaît actuellement quelques soucis avec la justice. Pour dire vite, d'abord présumé innocent, comme tout justiciable, il a été condamné en appel après avoir été acquitté en première instance en mai 2023. Mais de quoi s'agit-il ? Et qu'en pense *Mediapart* ?

Né en 1962, d'origine égyptienne, venu très jeune en Suisse, Tariq Ramadan est le petit-fils de Hassan el-Banna, fondateur des Frères musulmans, une organisation qui ne passe pas pour particulièrement libérale. Partisane d'un islam rigoriste, elle prône par exemple la lapidation des femmes en cas d'adultère. Tariq, lui, se met en scène comme un modéré. Difficile à admettre, surtout quand on se remémore le face-à-face qui l'a opposé, il y a plusieurs années, à Nicolas Sarkozy. C'était en 2003, Ramadan semblait avoir évolué sur la lapidation des femmes. En réalité, il réclamait simplement un moratoire sur la mise en œuvre de cette pratique. En prime, parlant de Bernard-Henri-Lévy, il avait évoqué « le Juif Lévy ». À la grande colère de Sarkozy.

Au début des années 2000, on apprend que, dans les années quatre-vingt, Ramadan aurait eu avec des jeunes mineures – 14 ans – des relations « inappropriées », comme on dit désormais. L'affaire n'ira pas plus loin, les faits étant contestés par ailleurs et de surcroît prescrits. C'est l'époque où une jeune essayiste, Caroline Fourest, s'interroge sur le comportement de Ramadan avec les femmes. Qui l'entend ? Qui l'écoute ? Les oreilles se bouchent. Les yeux se ferment. Par définition, Tarik appartient à la communauté des victimes, pas à celle des bourreaux.

L'islamologue voit cependant son influence grandir. Il affiche une ambition, celle d'être le réformiste de l'islam du XXIe siècle, comme son grand-père, Hassan el-Banna, avait souhaité être celui du XXe. Celui-ci n'aura pas le temps de réaliser son rêve : il sera assassiné en 1949.

En ces années 1990-2000, il est difficile d'y voir clair dans la pensée du prédicateur. Tantôt, il déclare que l'islam est compatible avec la démocratie et avec la laïcité. Tantôt, il exprime un autre son de cloche : sa haine d'Israël et des Juifs… Quand il n'exprime pas haut et fort ses doutes sur la réalité des attentats du 11-Septembre. Et il se trouve que, en septembre 2014, puis au début 2015, vous participez à deux débats avec Ramadan.

Le 7 janvier 2015 a lieu l'attentat contre *Charlie-Hebdo*, perpétré par les frères Kouachi. La rédaction est décimée. Choc immense dans le pays. Discours poignant du président Hollande. Mais Tariq Ramadan a toujours pignon sur rue. Son influence ne faiblit pas, bien que ses prises de position laissent perplexe. Il instille le doute. Pourquoi, dixit Ramadan, les frères Kouachi ont-ils laissé, en évidence, sur la banquette arrière de leur voiture, deux cartes Orange ? Comme s'ils voulaient mettre les enquêteurs sur une fausse piste ? Cette absence de précaution ne serait-elle pas volontaire ? N'y aurait-il pas derrière tout cela une manipulation ?

Pourtant, on sonne l'alerte. Pour Vincent Geisser, chercheur au CNRS et à Sciences Po Aix-en-Provence, « la religion est pour Tariq Ramadan un moyen d'accéder au star system ». Pour d'autres, Ramadan est « un produit d'appel pour séduire la jeunesse ». Caroline Fourest ira plus loin : « Ramadan est un manipulateur. »

Pour vous, au contraire, Tariq Ramadan serait « un intellectuel irréprochable » et « sans ambiguïtés ». C'est ce que vous déclarez début 2015, lors de l'émission « Le Petit Journal ». L'attentat contre *Charlie-Hebdo* vient d'avoir lieu. Est-il ce personnage aux mille facettes décrit par ses détracteurs ?

Les réseaux sociaux, furieux de votre bienveillance à l'égard de l'islamologue, vous prennent à partie. Un an plus tard, vous revenez à la charge. Dans un billet, vous expliquez que « ne pas priver le théologien de parole publique est une question de principe ». Les grands mots !

La tension monte, arrive le temps des tribunes. Chacun affiche ses préférences. Les pro-Ramadan, d'un côté, les anti- de l'autre. Les premiers, avec à leur tête Patrick Chamoiseau, l'économiste Thomas Piketty, l'ancien député PS Christian Paul, la militante féministe Caroline Haas, publient une tribune qui vient au secours de *Mediapart*. On y lit : « Il semble bien que nous soyons confrontés ici à une campagne politique qui, loin de défendre la cause des femmes, la manipule pour imposer à notre pays un agenda délétère, fait de haine et de peur. » Les défenseurs de *Charlie*, répliquent. Renaud Dély, le directeur de *Marianne*, se montre catégorique : « *Charlie* peut tout se permettre. » Laurence Rossignol, ex-ministre des Droits des femmes, vous charge : « Dire que dénoncer les islamistes, dénoncer Tariq Ramadan, c'est porter atteinte aux musulmans, c'est une assimilation préjudiciable à tous les musulmans qui vivent en France. »

Déflagration

20 octobre 2017, on apprend que Tariq Ramadan fait l'objet d'une plainte pour viol. Quelques jours plus tard, nouvelle plainte, toujours pour viol, avant que l'on apprenne son incarcération en France. (Il restera dix mois en détention provisoire.) Le 10 septembre 2024, il écopera en Suisse de trois ans de prison dont un avec sursis pour viol. Il conserve toutefois la possibilité de faire appel.

La légende vivante, abonnée des plateaux de télévision, en prend un coup. D'ailleurs, en novembre 2017, Ramadan avait déjà été contraint de se mettre en congé de l'université d'Oxford.

En cet automne 2017, son étoile pâlit. C'est le moment que choisit *Charlie-Hebdo* pour publier une une qui achève de détériorer vos rapports avec l'hebdomadaire satirique. « Affaire Ramadan, *Mediapart* révèle : “On ne savait pas.” » Une où l'on vous voit, longue moustache s'étirant pour couvrir votre bouche, vos yeux et vos oreilles, à tel point que vous êtes désormais sourd, muet et aveugle. Allusion aussi limpide que cruelle : vous seriez resté inerte face aux accusations de viol visant Tariq Ramadan. Accusations bien sûr excessives : en 2014-2015, qui sait que le prédicateur pourrait prendre quelques libertés avec les femmes ? En revanche, ce qui n'est pas une découverte, c'est que Ramadan est un personnage aux positions ambiguës, contestables, et que, s'il enseigne à Oxford, c'est sur un financement du Qatar, un État dont le caractère démocratique reste à démontrer.

À la suite de la une de *Charlie-Hebdo*, vous épinglant sévèrement, la température, sous les yeux des confrères ébahis, montait… Montait. Jusqu'où ? Vous, vous répliquiez en citant, sur Twitter, Romain Rolland – l'ami de votre cher Charles Péguy – : « Ils peuvent me haïr, ils ne parviendront pas à m'apprendre la haine. » Cette citation était-elle bienvenue ? Pas pour Fabrice Nicolino, journaliste à *Charlie,* qui rappelait l'accueil triomphal fait à l'écrivain au Grand Théâtre de Moscou, le 25 juin 1925, où le NKVD, la police politique du régime, lui avait réservé la loge du tsar. Ce jour-là, Romain Rolland se voyait présenté, par quelques bureaucrates du Parti, comme « le soleil de la culture humaine contemporaine ». Un même aveuglement, au nom d'une idéologie ?

Sans désarmer, sur Franceinfo, vous lancez une nouvelle salve contre *Charlie-Hebdo* : « Cette une fait partie d'une campagne générale que l'actuelle direction de *Charlie-Hebdo* épouse. M. Valls et d'autres, parmi lesquels ceux qui suivent M. Valls, une gauche égarée, une gauche qui ne sait plus où elle est, alliée à une droite, voire une extrême droite, identitaire, trouve n'importe quel prétexte, n'importe quelle calomnie, pour en revenir à leur obsession, la diabolisation de tout ce qui concerne l'islam et les musulmans. »

Riss réplique violemment. Dans un éditorial, il vous accuse d'avoir lancé « un appel au meurtre » à l'encontre de l'hebdomadaire. À ses yeux, vous condamnez « *Charlie-Hebdo* une seconde fois à mort ». Et Riss de répéter vos propos, notamment la phrase : « La une de *Charlie-Hebdo* fait partie d'une campagne plus générale [...] de guerre aux musulmans. »

Suivent ces mots terribles : « Cette phrase [de Plenel] qui désigne *Charlie-Hebdo* comme un agresseur supposé des musulmans adoube ceux qui demain vouront finir le boulot des frères Kouachi. Si demain, on nous liquide tous, si demain nous ne sommes plus là, espérons qu'il subsistera quelques courageux qui demanderont justice contre ceux qui nous auront frappés, mais aussi contre les esprits qui les auront armés. » L'ancien Premier ministre Manuel Valls va encore plus loin que Riss. Parlant de *Mediapart*, il lance : « Je veux qu'ils rendent gorge. »

Polémiques vaines, diront certains. En tout cas, preuve que, même avec des mots qui dépassent la pensée de leurs auteurs, nous vivons en démocratie.

En guise de conclusion

Cher Edwy Plenel, je comprends ce que vous avez pu ressentir en découvrant la une de *Charlie-Hebdo* le 8 novembre 2017. Je pensais que vous aviez le cuir épais, vous qui depuis quarante ans ne faites guère de cadeaux à ceux que vous épinglez jour après jour. Souvent sans pitié. Bien sûr, vous n'êtes ni le premier ni le dernier à faire la une de l'hebdo, et bien sûr, certaines sont parfois loupées. Pas toujours drôles, au fond. Affaire de goût. Mais, cette fois, la caricature a visé juste…

C'est aussi la rançon de la gloire, et le signe des ambiguïtés de votre personnalité, et de votre pratique du métier. Tout d'abord militant, vous avez voulu devenir journaliste par amour de l'information et non l'inverse ; plutôt pour utiliser les médias comme de nouveaux moyens de mettre en pratique vos engagements et de continuer le combat. Pour l'idée que vous vous faites de la gauche, de la lutte anticoloniale, du combat pour l'égalité. Ne seriez-vous pas resté un révolutionnaire pour qui la chasse aux scoops aurait pour but de faire chanceler les détenteurs du pouvoir ? Car, au fond, on a l'impression qu'aujourd'hui, vous n'êtes plus le journaliste impartial dont vous avez si souvent revendiqué le statut, mais bien, derrière cette image, le militant et l'homme de pouvoir. Finalement, peut-être avez-vous enfin assouvi les ambitions de votre jeunesse révolutionnaire...

Me voilà enfin parvenu au terme de cette lettre. J'espère que vous l'aurez lue jusqu'au bout. Elle n'avait pour seule ambition que d'ouvrir un débat. À vous de jouer, cher Edwy. Avec mon amitié.

Table des matières

Cet ouvrage a été imprimé en France par
CPI Brodard & Taupin
Avenue Rhin et Danube
72200 La Flèche (France)

pour le compte des Éditions Fayard
13 rue du Montparnasse, 75006 Paris
info-fayard@editions-fayard.fr
en mars 2025

Composition et mise en page
Nord Compo à Villeneuve-d'Ascq

PAPIER CERTIFIÉ

fayard s'engage pour l'environnement en réduisant l'empreinte carbone de ses livres. Celle de cet exemplaire est de :
500 g éq. CO_2
Rendez-vous sur www.fayard-durable.fr

N° d'édition : 58-4741-2/01 - N° d'impression : 3060700